# しあわせ cafeの レシピ

## カフェスローものがたり

## はじめに

人は、過去を振り返るとき、以前は「10年ひと昔」なんて言ったものです。最近ではそれが「5年ひと昔」なんて表現されるように、10年前のことははるか昔に押し流されてしまったかのようです。でも僕は、カフェスローがオープンしたときをつい昨日のように鮮明に思い出します。開店にこぎつけたスタッフたちの安ど感と高揚感。どんなカフェができたのかなと期待と好奇心にあふれた来店者の表情。これまで味わったことのない有機コーヒーの焙煎したての新鮮な香りが、古びた倉庫を改装した店内を包み込んでいく感触まで蘇ります。カフェスローは、スロームーブメントの待望の拠点だったのです。

儲けるためにやるのではなく、持続させることがカフェスローの使命などと口では言っていましたが、正直このカフェが10年も続くとは想像だにしていませんでした。元来、根っからの楽天主義者の僕は、深刻に持続させる方策を考えてはいなかった。NGOの世界しか知らない僕にとってカフェ経営はズブの素人だったので、どんな困難が待ち受けているのか全くノー天気だったといっても過言ではありません。とにかくカフェスローを始めることの喜びに浸っていたというのが正直な気持ちでした。その前後の顛末は、オープン3周年を記念して出版した『カフェがつなぐ地域と世界〜カフェスローへようこそ』（自然食通信社刊）に、また現在の国分寺に移転するまでのドラマチックなストーリーは、『スローなカフェのつくりかた──暮らしをかえる、世界がかわる』（自然食通信社刊）に詳しく書きましたので、ご笑読いただければ幸いです。

振り返ってみれば、いろんな人々に支えられ、助けられて今日までやってこられた。幸運な積み重ねがあったからこそカフェスローの今日があるのであって、十分な能力を最初から兼ね備えていたから10年も続けられたわけでは決してありません。

さて、カフェスローの10年は、図らずも２００１年の「９１１」から２０１１年の「３１１」までの10年間に合致します。世界と日本を揺るがす衝撃的な事件と震災を体験しました。とくに、東日本大震災と福島原発事故は、ポスト３１１のカフェスローのあり方に様々な光と影を落としました。脱原発社会を実現することを設立当初からアピールし、地球に負荷をかけないライフスタイルの提案を続けてきたことは、僕たちのスロームーブメントが間違っていなかったという確信をもてたと同時に、実際に原発事故を目の当たりにしてみて大いなる悲しみとともにむなしさが残りました。だからといって決して悲観的になっているわけではありません。むしろ、僕たちのムーブメントはたったのここ10年でしかないのであって、それで世界がすぐに良くなったら苦労はありません。

僕たちがやってきた歩みの方向性は間違っていなかった。これからも一歩一歩、地道にスロームーブメントを広げていくことが大事だと、むしろ勇気を与えられました。

さて、このような時期にカフェスローの10年の歩みを冊子にし、出版するかどうかためらいがありました。しかしカフェスローがポスト311を歩んでいくためには、改めてこれまでの10年を振り返ることは大切だと判断しました。ただし、単なる10年史を出版するのではなく、カフェスローの過去、現在、未来にかかわる人々の声を通して、全体像を構成しようと考えました。とくにこれからカフェスローを内外から支えていってくれる人たちにお願いしました。

ポスト311を創るスロームーブメントは、すでにその試みがスタートしています。「Xチェンジ」「アースダイアログ」そして「こども未来測定所」など若者たちが企画・立案・実施しているものです。僕は、若者たちのこのような発想力と実行力に大いに敬意をはらい、心から応援しています。

この冊子が、これからスローカフェ・ムーブメントに参加しようとする人たちに、またスローライフの実践を通してローカル・コミュニティの新たなる構築に関心を深めていこうとする人々の役に立てば幸いです。

カフェスロー代表　吉岡淳

café
Slow

# しあわせcafeのレシピ

## もくじ

# 忘れがたいシーンの生まれる場所

川口葉子

街の人々にむかって、そっと語りかけたい大切なことがある。——そんな想いを抱いて生まれるカフェが少しずつ増えてきた。先駆的存在であるカフェスローの姿が、あとに続く人々に、おそらくさまざまなヒントや勇気を与えているのだと思う。

メッセージを持っているカフェは、その志の高さと実際にお店で実現できることのあいだに、落差が生まれてしまうことが少なくない。健康に良い食材をたくさん集めてなんとなく料理してみても、おいしい一皿にはならないように。

大切なのは、食材それぞれの持ち味をいかしてバランスよく組み合わせるセンスであり、それらをお客さまの五感を喜ばせるように調理する技術である。そういう料理の部分が、カフェスローはしっかりと素敵なのだ。

おいしくて、楽しいこと。その背後に「大切にしたいもの」とつながっているのが感じられること。大声の主張ではなくて、店内の空気感から何かが優しく伝わってくること。そこに興味を抱いた人にはさらに開くべき扉が見つかること。

そんな奥深い魅力を持っているからこそ、数えきれないカフェが生まれては短期間に消えてしまう東京で、十年間、着実に進化しながら歩みつづけることができた。現スタッフ以外にも、立ち上げ前から開店、移転、そして現在にいたるまで、じつにたくさんの人々が関わり、ときには悪戦苦闘しながらそれぞれが献身的な働きをしてきたと思う。いわば、お皿を用意し、食材を集めてきた人々だ。彼らが注いだ見えないエネルギーもまた、カフェの土台を支えているにちがいない。

ある午後、アチパンの扉を開けたとき、母親に手をひかれた小さな女の子が、はにかみながらスタッフに手をふる光景を見かけた。カウンターの中のスタッフが総出で手をふりかえし、パンを抱えて帰っていく母娘をお見送り。つられて私も手をふり、その子の舌を出した笑顔を受けとった。

カフェスローはそんなささやかな、でもなぜか忘れがたいシーンの生まれる場所である。

**川口葉子**
ライター。著書に『コーヒーピープル』『東京の喫茶店』『東京カフェを旅する』他多数。
個人ウェブサイト「東京カフェマニア」
http://homepage3.nifty.com/cafemania/

# いま、ローカルの時代へ
## 〜仕事とコミュニティをつなぐスローカフェ〜

吉岡淳

### 国際NGOの事務局長から、カフェのオーナーに

僕は1970年代から90年代にかけて、世界平和の促進と教育・環境・文化の国際協力を進めるユネスコNGOで30年間働いてきました。NGOの経営は、とにかく資金の確保が最大の業務。朝早くから夜遅くまで忙しく走り回っていました。

確かにそれは大事でやりがいはあるけれども、時々「自分の仕事と生活がつながっていないな」と感じていました。地域で活動する仲間たちと交流すると、自分の住む地域にどんな問題があるのか全く知らないことに気づかされました。自分の足元のことを知らず、世界の平和や環境問題に貢献する仕事に関わっている自負だけで満足していた僕は、いかに根なし草の生き方だったかということを、地域の人々から思い知らされたのです。

### 言っていることと、やっていることを一致させること

NGOを退職後、アメリカの世界遺産のひとつであるレッドウッド国立公園に行く機会がありまし

た。ここには１００メートルを越える杉の群生が残っています。しかし公園の外は、無残にも森林の伐採が深刻化していました。この現状に地元の若者たちが立ち上がり、環境保護運動を展開していたのです。

彼らは手作りの藁の家に住んでいました。その室内は、夏に外気温が35度の時も家の中は18度。いっぽう冬は外が零度以下でも中は16度。冷暖房は使わなくても、ものすごく居心地のよいところでした。有機農業を営み、自然エネルギーだけで生活している彼らは、せいぜいコンピュータと灯りが一、二個、それからラジオを聴く程度の電力で十分だと言っていました。

そういう暮らしをしながら、森を守る運動をしている彼らは、言っていることとやっていることが一致していて、こういうあり方が本物の環境運動だと気づきました。そんな出会いを通して僕は、地域の中でカフェを開き、そこを拠点にいろいろなネットワークを築く仕事がしたいと思うようになったのです。

## エコでスローなカフェ運営にチャレンジ

それまで普通のビジネスすらやったこともなく、カフェも全くの未経験だった僕は、通常のビジネス書ではなく、自分の感性を信じてエコでスローなビジネスに挑戦することにしました。それがカフェスローです。

まずカフェの場所として、最初に選んだのが自転車店の倉庫。珪藻土と藁を使い、自然素材で改装しました。２００8年に移転した店舗は、自動車の整備工場の廃屋でした。藁と珪藻土の内装に加えて、麻の断熱材を張り巡らせました。とても断熱効率がよくて、エアコンはほとんど使わずにすみました。表には小さなソーラーパネルを置き、街灯をともしています。裏側には川が流れ、すぐそばに雑木林や畑があります。そういう風景が広がる中で、ゆっくりくつろいで、自分の暮らしや環境について考える癒しの空間が誕生し、その魅力が人々の関心を高めていきました。

## 「非常識」に思い切る

カフェスローの運営では、「物を売る」という発想はしないことを心掛けました。提供している商品がどういう経緯で生まれてきたか、その物語を丁寧に説明する。質問を受ければそのことを一生懸命お客さんに伝える。その物語を聞いて関心を持ってもらい、結果として商品が売れる。そういう考え方に切り替えて、お客さんとスタッフが語り合えるような雰囲気を作っていきました。

ひょんなきっかけから「暗闇カフェ」という企画もやりました。大統領がブッシュ氏になったばかりのアメリカが、地球温暖化防止を定めた京都議定書から離脱することになった時期です。アメリカのＮＧＯから「せめて一年で一番短い夏至の夜くらいは、電気を消してロウソクで過ごそう」との呼びかけがありました。カフェスローでも店内の電気をすべて消して、蜜蝋のロウソクをテーブルに置いてお茶や食事を愉しめるようにしました。電気を使うＣＤは使えませんから、ＢＧＭも生のヴァイオリンやギター、ピアノの演奏に限っています。実に贅沢な時間の過ごし方です。

## 経済成長の神話から自由になる

経済というのは結局、この地球上の資源を使って行う活動のことです。つまり経済成長するということは、常にそれだけの資源を浪費することなのです。これまでは経済成長があたりまえのように思われていました。でも、経済成長を続けることによって利益を得ているのは、世界の一部の金持ちや権力者だけです。彼らの冨をさらに増やすために、大量生産・大量消費・大量廃棄の経済活動を行って、ものすごい勢いで環境破壊を進めているということになっています。そう考えると、いかに経済成長せずにすべての人々が平和で幸せに暮らしていけるかが重要になってきます。

経済のもともとの意味とは何でしょうか？　江戸時代の思想家である三浦梅園は、経済のことを「経世済民」と言いました。つまり、世界を治め、民を救うために経済があるということです。だから、民を救えない経済など経済ではないと思うのです。お互いが分かち合い、助け合うことが経済活動の前提になるべきです。

僕は、スローカフェの運営では、「続けていくこと」と「雇用を生み出すこと」を大事にしていこうと考えました。例えばいま、全国にフェアトレードショップが沢山ありますが、採算的にどこも厳しい状況です。カフェスローも、多くの利益を上げることはできません。ただ、ひとまず続けていけるだけの経営をすること。言い換えれば、カフェスローのような店が10年、20年先まで続くことが大事であって、そのために必要な最低限の利益を上げることが大切なのです。

## スローカフェの未来、地域が変わり、世界が変わる

僕はこれまでの歩みを通じて、「地域の暮らしを変えることによって、はじめて世界が変わる」と確信しています。コミュニティカフェは、その変革のための拠点となる場所なのです。

また2011年の9月、カフェスローがある国分寺市で「ぶんぶんウォーク・国分寺再発見」というイベントを、地域の人々が実行委員会を構成して実施しました。この企画の言い出しっぺの僕としては、なんとしても地域との繋がりを深め、幸せに暮らしていけるコミュニティを創造したかったのです。

その「ぶんぶんウォーク」の取り組みのなかで、NPO法人インフォメーションセンターの寄田《よりた》勝彦さんの全面協力により、国分寺市内の道路に「観光馬車」を三日間走らせることができました。市民の大歓迎を受けて、改めて動物と共存・共生する暮らしがいかに楽しいものかを実感できました。すでに、国分寺での馬車の定期運行やホースセラピーなどを実現するために、新しい構想が動き出しています。

地域が活き活きとして、誰もが幸せに暮らせるコミュニティを目指すことが、カフェスローにとっても大事な使命です。紆余曲折がありながら10周年を迎えたカフェスローですが、ようやく今コミュニティカフェとして、新たな第一歩を歩み始めました。

PART.1

# カフェスロー・おいしさの秘密

スローなカフェで味わう飲み物や料理は、
素材の良さだけでなく、
その雰囲気が味をいっそうひきたてる
カフェスローのおいしさの秘密を、
カフェのスタッフに、シェフに、
生産者に聞いてみる

## プロローグ●

# 暗闇カフェへようこそ

夕闇が迫る時刻。国分寺にある一風変わったカフェには、すでに人々が集まっていた。20代のカップルや女性どうしのグループ、あるいは一人でやって来た白髪の女性もいる。厚みのある木製のテーブルに無造作に置かれた蜜蝋には、ポツリ、ポツリ、ポツリと淡いオレンジ色の炎が宿る。リハーサルの弦楽器の音色を心地よいＢＧＭにしながら、エクアドルの深い森で育ったフェアトレード・コーヒーの香りを味わう。店内のライトが完全に消える頃、カフェは、ゆらゆらと揺れるキャンドルの灯りに照らされた、物語をつむぐ静寂な空間へと変わっている。

「ようこそカフェスローへ、ようこそ暗闇カフェへ！」。

カウボーイハットをかぶり、愛用のヴァイオリンを手にした穴澤雄介が朗らかに言う。電気を消して、ロウソクの灯りだけで生演奏を聞く「暗闇カフェ」は、カフェスローができた年にはじまり、10年たった現在も毎週行われる名物企画となっている。きっかけになったのは、ＮＧＯ・ナマケモノ倶楽部（＊1）がはじめた「１００万人のキャンドルナイト（＊2）」だ。そこには、アメリカの当時のブッシュ政権が、地球温暖化対策に熱心でなかったことへの抗議の意味が込められていた。それに声を挙げて反対するのではなく、ローソクを灯して、日常とは違うゆったりと流れる時間を楽しむことで、電気を使わなくても豊かな気持ちになれることを実感してみるというのがこの運動のユニークなところだ。カフェスローはそれを取り入れて、恒例の企画にしていった。今では、それにならって暗闇カフェを開催するお店が、次々と現われている。

## 暗闇演出人、穴澤雄介

暗闇の中ではじまったライブは、クラシックに映画音楽、最新のポップスまでさまざまな分野の曲を絶妙に織り交ぜて、観客を魅了していく。今夜の演奏会の主である穴澤雄介（36）は、その暗闇カフェを語るには欠かせない人物でもある。

彼は、「盲目のヴァイオリニスト」と呼ばれる。小学校5年生のとき、心臓の手術をしたことがきっかけで徐々に視力が失われていった穴澤は、「見えなくなるんだったら音楽に力を入れるしかない」と考え、それまで習い事程度にやっていたヴァイオリンを、本腰入れてやるようになった。その後、さまざまなミュージシャンとの出会いを経て、現在ではあらゆるジャンルの曲を演奏

盲目のバイオリニスト・穴澤雄介

するようになっている。

「見えなくなった分、別のものが見えるようになりました」と楽しげに語る彼からは、ハンデキャップを抱えた暗さは微塵も感じられない。「頑張らなくては」という気負いもまるでない。音声認識をするパソコンを駆使して、自分でメールを出し、ホームページを運営し、一人でどこにでもさっそうと出かけて行く。演奏が終わって、ビールを飲みながら人々との会話に花を咲かせる姿は、人生を思いきり謳歌しているように映る。

そんな穴澤は、かつてカフェスローの隣の店で演奏をしていた。しかしある日演奏のために行ったら、そのお店が閉まっていたという。そこで当時オープンしたてのカフェスローのスタッフが、予告もなく閉店してしまったことを伝えに来た。それがきっかけで、ちょうどその年に始まったはじめての暗闇カフェに出演することになる。

「灯りを消して生演奏をする企画をやりませんかと誘われて、私は暗闇での演奏には支障がないので引き受けました。一度やったら、ロウソクの灯で生演奏を味わうのは気持ちがいいとの評判で、恒例の企画になっていったんです」。

ところが恒例のイベントになると、何も知らずに来るお客さんもいるので、突然暗くなって驚いたりすることもあったという。

「最初の頃は、暗いから閉まっていると思って帰ってしまう人もいましたね（笑）。でも私はこのお店のコンセプトや雰囲気と、企画がぴったり合っている気がして、自分も企画が成功するように努力したいと思ったんです。他のレストランでも演奏する機会はありますが、カフェスローは特別ですね。暗闇の効果だと思いますが、お客さんが穏やかな気持ちになって、しっとり演奏を聴いてくれるんです」。

## 「前向きな暗闇」を味わってほしい

穴澤の暗闇カフェでは、休憩時間にリクエストを募って後半の曲目に反映している。暗闇でコミュニケーションをとると、「見えないハンデ」という立場が逆転することもある。

「リクエストしてもらう方には、イスの所に100円置いてもらうんですが、暗闇で見えないから、私のコーヒーカップの中に100円入れちゃったりするんです（笑）。それから暗くて100円玉が探せない方もいるので、私が探してあげることもあります（笑）。こういうコミュニケーションも楽しいですね」。

穴澤は、福祉的なイベントで行われている「障害者体験」というのがあまり好きではない。杖一本とアイマスクで歩いてみて、視聴覚障害者の不便を体感するというものだ。

「そういうものに参加をされた方はたいてい、『見えない人はすごいと思った』と言います。でも私としては、それって果たして教育的に良いことかなって疑問なんです。見える人がいきなり目隠しして歩けと言われても、歩けなくて恐いのは当前です。それは『見えないことは恐い』ということにしかつながらないんじゃないか。それよりも私は、『前向きな暗闇』というのを味わっていただきたいと思っているんです」。

穴澤は、「見えない＝怖い」ではないと考える。見えなかったけれど、何かほのぼのとして温かみがあるということもある。そういう感覚を伝えるのに、暗闇カフェはちょうどよい機会だという。

「明るい所で演奏するよりも、暗闇で演奏する方が、みなさん私に対して変に『障害者』という意識をしなくなるんです。比較的近い空間にいるからなんでしょう。ここでは『見えないのにすごいですね』という言い方もされませんし、帰りに知らないお客さんが、『よかったらご一緒しませんか』って自然に声をかけてくれます。怖い体験をするよりも、こういう体験で近くなる方が、私は福祉的な点から言っても意味があるんじゃないかと思うんです」。

リクエストコーナーで驚くほどたくさんの曲を受け付

けた穴澤は、そのすべてを記憶して、演奏した。そして今夜も、予定終了時間を大幅にオーバーして演奏会を終えた。それでもそこにいる誰もが、長く感じるどころか、むしろまだ終わってほしくないと感じていたのは、ロウソクの暖かい灯と、洗練された音色、そしてサービス精神たっぷりの彼の人柄のおかげだろう。

穴澤とともに暗闇カフェを続けてきたカフェスローは、オープンから10年の歳月を経た今も、新しいチャレンジをしている。ここは、旅人が訪れるたびに、異なる表情を見せる不思議の森のようだ。いつも新しくて、それでいてどこか懐かしい場所。人と人とがつながるコミュニティカフェのパイオニア、カフェスローの扉をくぐって、ここに集った人々の多様な生き方を巡る旅に出かけてみよう。そこには、幸せや豊さについてのヒントが、たくさん隠されているはずだ。

＊1　環境・文化ＮＧＯ（詳しくは117Ｐ）

＊2　ナマケモノ倶楽部がはじめた当時は「自主停電運動」と名づけていた。

# 食に関わって「大切なこと」を伝えていきたい

**カフェスローホールスタッフ・原田大二郎**

「安心できるこの場所で、ほっこり過ごしてもらいたい」と語る彼の接客は、いつも穏やかで自然体だ。カフェスローの入り口でお客さんを出迎える、ホール担当の「大ちゃん」こと原田大二郎（27）。カフェスローで働いて5年になる原田は、接客とコーヒーづくり、そして時にはイベントの担当もしてきた。中でも、コーヒーへのこだわりは人一倍強い。お客さん向けの焙煎教室を開いたり、新しいスタッフにコーヒーづくりを教える研究熱心さには、スタッフの誰もが感心する。

## コーヒーのもつ可能性

カフェスローでは接客を担当していたんですが、国分寺に移転する際に「大ちゃんにドリンクもやってほしい」と言われたのが、コーヒーを淹れはじめたきっかけです。飲食業には高校の時から関わってきました。でもコーヒーのことなんかまるで知らなかったので「おいおい、俺にできるわけないじゃん」って思いましたね（笑）。

でもやるからにはちゃんと勉強しようと思って、自宅でコーヒーの講座をやっている方のと

ころに修行に行ったんです。その方はメキシコのコーヒー豆をフェアトレードで仕入れて、焙煎していました。そこで、どの農園の豆がいいとか、この季節ならどんな焙煎の仕方がおいしいとか、器具や淹れ方によっても味が違ってくることを学びました。コーヒーをワインのように楽しむということも。それがわかってくると面白くなってきました。

コーヒーにはいろんな可能性があります。例えば、フェアトレード認証をとっていなくても、情熱のある生産者さんがつくっていて、その生産者を応援しているコーヒー屋さんが仕入れている豆はおいしいんです。

だからオーガニックかどうか、フェアトレード認証かどうかというだけで判断するより、生産者とつながることの面白さを伝えていけたらいいなと思っています。

## 自分には何もないことに気がつきました

ぼくは大阪の高校を卒業して、料理の勉強をしたくてフランスに留学しました。自分のお店を持ちたいと思っていたので。そのフランスで、通っていた語学学校のクラスメートとの意識の違いに驚かされました。

みんな自分のことや、自分の国について本当に楽しそうに話すんです。聞いているのは面白いんだけど、ぼくには語れることがありませんでした。日本のことを聞かれても、知らないし、意見がないからうまく答えられない。

週末の過ごし方も、みんなは家族と料理をしたり、美術館に行ったり、お金をかけずに人生を楽しんでいました。町では、お店は夕方になるとたいてい閉まります。みんな友達や家族と過ごす時間を大切にしていました。だから話題が豊富にある。

逆に日本でのぼくの生活は、お金を使って遊ぶことしか知りませんでした。好きなCDを聞いて、友達と集まってカラオケやファミレスに行って、好きな服を買って…という感じで。

自分には何もないことに気がついて、相当ショックでした。何にやりがいをもって生きてきたかなんて、考えたこともありませんでしたから。でもそんな暮らしをしていたのはぼくだけじゃなくて、友人たちもそうでした。

だから日本人としても恥ずかしかった。料理の勉強より、もっと大事なことがあるんじゃないかって突きつけられた気がしたんです。

フランスにいたのは1年だけですけど、ここで「豊かさってなんだろう」って考えたことは大きかったですね。

## 温暖化の原因は、自分たちの暮らしにある

帰国後はホテルでウェイターをしながら、いろいろな講座に出たり、スタディツアーに参加したりと、面白そうな所にはどんどん飛び込んで行きました。そしてそこで出会った人たちから、たくさんの刺激を受けました。カフェスローについて知ったのもこの頃です。

20歳のときには、ＮＧＯピースボートの地球一周の船旅にも参加しました。特に南米で、環境問題に取り組むＮＧＯの若者たちと出会ったことが印象に残っています。温暖化の危機についてはもちろん知ってはいましたが、自分と同じ年くらいの若者たちが真剣にその問題に取り組んで、国際会議に出たりしているのを目の当たりにして、リアリティが湧きました。そして気候変動の影響で、南米の氷河が溶けたり、人々が悲しんでいる原因には、地球の裏側に住んでいる自分たち日本人の大量生産、大量消費という生活のしかたもあることに気づいたんです。

船を降りて、そこで感じたことをどう実践するかと考えたときに、ぼくはやはり食に関わっ

て生きていきたいなと思いました。だったらカフェスローで働くのもいいのかなと、スタッフに応募したんです。

## 食べることは生きること

カフェスローで大切にしているのは、何気ない会話でも気軽に聞ける雰囲気をつくることです。お客さんは、いろいろ興味はあっても、スタッフに話しかけるにはちょっと勇気がいるはずです。それをこっちが見分けて、話したそうな人とは会話ができればいいなと思っています。人が多くて忙しいときは難しいですけど。でもそういうコミュニケーションができるのが、うちのようなカフェの良いところだと思います。

3月に震災があってからしばらくは、お客さんが減って大変でした。さすがに外でお茶なんて…という雰囲気がありましたからね。でもこういうときだからこそ、「カフェスローがあってよかった」と思ってもらえるように、安心できる場をつくろうと心がけました。そして4月のまだ余震もある中で、少しずつお客さんが戻ってきてくれました。

そんな中ドリンク担当として何ができるかを考えて、「ハーブフェア」をやったんです。さまざまなリラックスできるハーブティを紹介して、飲んでもらいました。特に小さい子を持つお母さんたちには不安が広がっていて、眠れないと言う声も聞いていましたから。これはすごく好評だったので、ぼくも嬉しかったですね。

　ぼくはホールと平行して、イベントの担当もよくしています。自分が企画したイベントで印象に残っているのは、２０１１年の7月に『eatrip（イートリップ）』という食をテーマにした映画を上映する、トークイベントを開催したことです。映画はフードディレクターの方が「食べることは生きること」をテーマに、有名無名のいろんな人を追いかけていくものです。震災が起きて、食べることや生きることについて、カフェスローらしい映画を上映したいと思ったときに、これをやろうと思いました。

　ゲストには、カフェスローとつながりのある八王子の有機農家、安田弥生さんをお迎えして、安田さんの畑で採れた野菜を使った料理を出しました。これは映画の配給会社の方も、「今までの上映会で一番よかったです」と言ってくれました。カフェスローという「イベントをやるレストラン」から発信していけることがいろいろあるんだと、改めて実感しましたね。

　ぼくはこれまで食と関わってきましたが、今は自分がキッチンで料理をしてお客さんに出すということはありません。でも、直接自分が作らなくても、食に関わりながら大切なことを伝えていければいい。そんなふうに思っています。

おススメ!

## 原田大二郎のオススメ「コーヒーフェア」

2010年から、年末にはコーヒーフェアを実施しています。カフェスローでは生産者とつながりの深いエクアドルやブラジルのコーヒーが中心ですが、そういった定番の商品の他にインドやケニアのオーガニックコーヒーを出して、カードに紹介文を手書きしています。キッチンスタッフと相談して、そのコーヒーに合うデザートをつくってもらったりすることもあるんですよ。

不定期で開催されている手焙煎教室。原田は普段何気なく飲んでいるコーヒーが、どうやって出来ているかを知ってもらいたいと言う。「15分ぐらいで焙煎できます。意外と簡単に焼けるので、みなさん驚きますね。青臭いコーヒーの生豆が焙煎されて香を漂わせるようになり、暮らしに至福をもたらす茶褐色の飲み物になっていく。それがどこでどんな風に栽培され、収穫されているのかについて、お客さん自身がコーヒーを作る工程に関わることで感じてもらいたいですね」。

原田が不定期で開催している手焙煎教室

# メッセージに共感してもらえる喜び

## カフェスロー店長・間宮俊賢

週末のライブイベント。店内の後ろから全体を見渡し、他のスタッフの動きを静かにフォローする長身の男性がいる。カフェスローの店長、間宮俊賢（35）。彼がともに働くスタッフを見つめる眼差しは、誰よりも温かい。さまざまな予想外の出来事を、持ち前の生真面目さで乗り越えてきた間宮は、飲食店としての質を高めながら、ムーブメントを発信していくという課題に今日も挑んでいる。

### 生の出会いがある場所

カフェスローの第一印象ですか？　カオスでしたね（笑）。レストランとしての営業日なら違う印象だったと思いますけど、いきなりイベントで関わることになったので、「何だ、このわけのわからない空間は？」という疑問がいっぱいでした。

２０００年くらいでした。ぼくは大手スーパーで働いていたんですが、多くの人を幸せにできないような、既存の経済のあり方に違和感を抱いていました。自分に何かできないかと思ったときに、地域通貨のことを知りました。お金儲けのためにお金を使う、投機目的のお金が世の中をおかしくしています。だから、もともとのお金の価値を取り戻して、地域の人とのコミュニケーションをつなぐ手段になる地域通貨という存在は、面白いなと感じたんです。そして、地域通貨に熱心に取り組んでいるグループに参加しました。

そのグループにカフェスローの設立に関わった人がいて、あるとき地域通貨をテーマにしたイベントを、カフェスローを貸し切ってやろうということになったんです。それに遊びにおいでと誘われたことがぼくとカフェスローとの出会いでした。

中庭では地域通貨を流通させたマーケットをやり、店内では関連するトークやワークショップを行って大盛況でした。良い意味の衝撃を受けましたね。当時のぼくは、世の中を良くするために、出始めていたネットと地域通貨を結び付けたら面白いことができるんじゃないかというふうに、ネットの可能性を安易に過信して考えていたんです。でもここには実際に生の人と人とが出会って話せる場がある。リアルな「場」の力とネットの相乗効果を感じることができた。オープンなカフェなので、自然にいろんな人が集ってくる。それが新鮮でした。

そのイベントをきっかけに、カフェスローにたびたび通うようになりました。また当時、ナマケモノ倶楽部主催のエクアドルツアーに参加して、エクアドルで地域通貨に取り組むグループと出会ったことにも大きな影響を受けました。

## ぼくでいいんですか⁉

そんな中、カフェスローのオーナーの吉岡さんから呼び出されました。忘れもしない２００５年のクリスマスイブですよ（笑）。そこでいきなり店長候補として働かない？　って誘われたんです。びっくりしましたね。飲食店の経験もないし、カフェスローは大好きだったけど自分がそこで働くというイメージはありませんでしたし、働きたいと思ったことも一度もありませんでした。ぼくでいいんですか？　という思いがあって、いろんな人に聞きまくりました。でも意外にも「適任だと思うよ」とみんなから背中を押してもらえた。それだったらということで、働きはじめました。だからワクワク感の半面、大丈夫かな？　という思いも強かったです。

実際に働きはじめても、苦しいことの方が多かったですね。特にスタッフのことや自分自身の能力不足に悩んだりしました。他の人ならもっとうまくできるかもしれないと思ったこともたびたびあります。大変だったのは、２００８年に国分寺駅の近くに移転してか

らでした。お店の規模も大きくなり、飲食店としてのクオリティはもっと高めようと努力する一方で、発信力もつけようというので、いろんなパーティやイベントを引き受けたんです。お店としては「暮らしを大切にすること」を掲げているのに、スタッフは最小限の人数で回していたので、へとへとに疲れきってしまいました。あのときは辛かったですね。

経営や飲食店としての質と、ムーブメントを広げる役割とのバランスをとるというのは、今も直面している課題です。

そういう時でもやってこられたのは、お客さんが、カフェスローのメッセージに共感してくれたときの喜びがあったからだと思います。ぼくたちは、ただ良い食べ物を提供して食べてもらえばいいと思っているわけではありません。ぼくたちが提案したようなライフスタイルを、最終的にお客さんの暮らしに取り入れてもらいたい。

カフェスローに来るようになって、食べものを変えた

人は多いんです。野菜を買う所を変えたとか、通ううちに農家さんと友達付き合いをするようになった人もいます。いろいろなつながりが元になって、食に対する意識が変わるんですよね。それぞれの人の生き方が変わっていくのを見ると、やっていてよかったなと思います。

でも、お店としてはそういうことを理屈で押しつけないようにしています。おいしいとか、楽しいという体験をしてもらって、お客さんの五感で判断してもらおうと。そこから「このコーヒーは何だろう?」とか「このお米は何だろう?」といった関心を持ってもらったときに、スタッフがきちんと情報を持っていて、伝えることができればいい。そういう瞬間にお客さんの深いところまでストンと落ちていくんでしょう。理屈じゃないから、より深く共感してもらえる。お客さんの身体感覚を信じて委ねるということが僕たちスタッフの大切な信念のひとつであり、カフェスローがカフェの姿をしている理由でもあります。

3月11日の震災を経験して、カフェスローの役割はある意味で曲がり角にきていると思います。世の中の価値観が大きく変わって、これまでカフェスローが訴えてきたような、食べ物や環境のことに、大勢が思いをめぐらすようになりました。だから今こそ、カフェスローとして真価が問われるのかなと。

この時代に、社会を変えていけるような大きなムーブメントの一角をになう役割を果たせたらと思います。その中で、一人ひとりのスタッフが、今まで以上にやりたいことを実現したり、楽しんで関わっていけたら嬉しいですね。

おススメ!

## 間宮俊賢のおススメイベント「フードハートパーティ」

ぼくが本格的に農とか食に興味を持ったのは、農家さんと知り合いになって畑に行くようになってからです。つくっている人とつながって、「顔が見える野菜」を食べたときの「こんなにうまいんだ!」という驚きは忘れられません。

そんな体験を皆さんに知ってほしいと思い、NPO「トージバ」や援農ユニット「週末農風」と組んで毎年「フードハートパーティ」を開催しています。

イベントのコンセプトは「農家さんと友達になろう!」。

このパーティで、生産者さんと顔の見える関係になれば、食べ物がより美味しくなりますよ。

# 自然に依存し、「おかげさま」で生きてます

## ゆっくり村チーフ／赤村スローカフェ・クリキンディ店長・後藤彰

燃えさかる森に、一滴ずつ水を運び「私はわたしのできることをしているだけ」と語ったクリキンディという名のハチドリの物語は、ナマケモノグループのシンボルになっている。このクリキンディの名をつけたカフェが、人口３４００人ほどの福岡県田川郡赤村にある。店長である後藤彰（34）は、かねてからの念願だったエコビレッジ・ゆっくり村づくりに取り組んでいる。

### こころ豊かな暮らし

ぼくは25歳まで東京で育ちました。今は、麹や味噌、梅干しまでいろんなものを手作りしながら、田畑に働きかけて暮らしています。そして「ゆっくり村」の事業化に取り組んでいます。先日は、半農半カフェを体験的に学ぶ合宿を開催しました。五右衛門風呂、薪ストーブ、井戸水、冷蔵庫なしの暮らし。竹筒でご飯を炊くなどして過ごしました。

ここでは、都会にいた頃にあった漠然とした不安やストレスがないんです。自然から恵みを

**赤村スローカフェ・クリキンディ**
福岡県田川郡赤村 5251-3 源じいの森　TEL.0947-88-2893
http://www.windfarm.co.jp/akamura-kurikindi
**ゆっくり村**　http://www.yukkurimura.com/

いただき、暮らしを手作りしていく知恵と技術があったら、お金に負けません。お金ではなく自然に思い切り依存して愉快に生きていける確信があります。

ぼくの一ヵ月のガス代と電気代はそれぞれ800円程度で、水道は井戸水。コンポストトイレは微生物が分解をしてくれ、汲み取り費用がかかりません。庭の畑で野菜が育ち、田んぼでは1年いのちをつなぐ米が育つ。収入が少なくても、農的な営みをして支出を減らせば、生きていけます。しかも、自然に寄り添っていると月の満ち欠けなどダイナミックな変化を日々感じられて「こころの豊かさ」は倍増ですよ。こういったことを体験的に学び、対話を通して深めていく学びの場を「自然と暮らしのがっこう」として整えたいと考えています。

## 実践者になりたい

環境問題には子どもの頃から関心があって、大学院では、環境破壊や貧困を生み出す「経済のグローバリゼーション」について研究しました。そして、その対抗策に取り組んでいるNGOを調査したんです。多くのNGOは人がいない、金がない、有効な代案を示せていないとの結論になりました。

でも、「自分ならどうする?」「どう生きたい?」と問うた時に答えられませんでした。その後、調べた中で面白そうだったナマケモノ倶楽部にボランティアとして関わっていきました。すごく楽しかったし、学びもあり、今にも続く「つながり」を得ました。その後、食と農に関する出版社に入りました。そこでは全国の農村を回って、5000以上の農家に会って、農業雑誌や専門書の営業をしました。でも、そんな毎日を繰り返すうちに、自分が実践しているわけでもない農や食のこと、地域作りのことを語るのが、辛くなってきたんです。地に足をつけた暮らしを営みたいと強く思ったのです。

モヤモヤしてた時に、ナマケモノ倶楽部で親しくなった中村隆市さんが「ウインドファームで働く気はあるかね?」って電話をしてきたんです。「オーガニック・カフェをオープンさせ、いずれエコビレッジもつくりたい。〝問題ではなく、答えを生きる〟ことをしないかい?」と。スローなつながりの中で仕事をして農村で暮らせると思い、転職&移住を決めました。

## 「おかげさま」です、スローカフェ

クリキンディのオープンは2006年の5月。カフェは「週末手伝うぐらい」と言われていたのですが、立ち上げ期はそれどころではなく、週7日、朝から晩までカフェで働いてましたよ。「あれっ? 僕はカフェをしにこの地に来たのではないのだが……」と悶々とした時期もありました。2009年5月にスタッフが入れ替わった際に「これまでの流れも分かっているし、ひとまず後藤くんがやっておいて」と店長を任されました。「ひとまず」が今に至っています（笑）。

繁忙期はお店にも入るのですが、基本的にはスタッフに任せていて「あまり店にいない店長」です。店内イベント企画や外部への出店、経営把握、外とのつながり作りなどを担っています。後はウインドファームの仕事やゆっくり村の事業化に取り組んでいます。

クリキンディで行うイベントやスタッフとの交流から食に対する意識が変わる人や、畑や田んぼをはじめたお客さんがいます。発信していることが響くとすごく嬉しいですね。「スロービジネスは、おかげさまビジネス」と表現してますけど、本当にそうだなと思います。当初はどう稼ぐかで必死でした。でも、肩の力を抜いて、カフェにも、取引先にも、お客さんにも、地球にも良いことをトータルに考えるようになりました。例えば、隣町の友人が美味しい天然酵母のパンを作ってくれて、それを買い取って販売します。

それ自体では利益は小さいですが、パン目当てのお客さんも増えたし、その友人がマクロビの料理教室も開いてくれています。「おたがいさま」「おかげさま」でつながると、みんなが良い状態になるなぁ、と実感しています。

2010年の末からカフェに研修生を受け入れています。1ヵ月単位で仕事をしてもらいます。実は、スタッフを雇う余裕がない中の苦肉の策だったんですけどね。タダ働きさせて悪いなぁ、と思ってました。でも、研修生にとっては学びはとても大きいんですよね。スローカフェやスロービジネス、自然、食、テーマや地域のつながりといったことを実体験から学び取れる。やってみて、これってすごくいい学びの仕組みだなって思っています。カフェという場を通して、いろいろなつながりが生まれ、「おかげさま」でクリキンディという場が保たれる。「おかげさま」が具体的に広がっていく場として、スローカフェに魅力を感じています。

後藤（右）とウインドファーム代表の中村隆市（左）

コラム

# カフェスローに行かなかったら、「ダウンシフター」にならずにすんだ!?

東京・豊島区
「たまにはTSUKIでも眺めましょ」オーナー・高坂勝

私が経営するOrganic Bar〈たまにはTSUKIでも眺めましょ〉は、2012年でオープンから8年目になる。「儲けない」ことを目的に店を出し、少々だが常に黒字だ。こんな店がよくも続いているものだ。

なぜ「儲けない」のか? 理由は単純だ。経済成長を目指し続けるモデルは、物質的な豊かさを産んだ一方で、自然と人、そして平和を壊してきた。その結果、モノが溢れているのにそこに生きる人たちは薄幸になった。だから、当店は「儲けすぎないこと」を目的とした。

するとどうだろう、自然、人、そして平和へのツナガリを「設ける」場として、愉快な店になった。「儲けすぎない」ための予防線をどこに張ったかといえば、ライフスタイルだ。大量生産品を買わなくなり、ホンモノを買う、使う、または創ることを心がけた。また、安心できる食べ物を買う、あるいは自給した。すると、モノは何でも長持ちするようになった。自分で創り出すことの喜びも知ったし、病気知らずで心身が健康になった。出費は減り、多幸で安心。もはや「大きな収入」や「前年比アップ」は要らない。小さい稼ぎでいい。カネのために翻弄されたり疲労困憊することはなくなった。

そんな「儲けない自由」を謳歌する生き方を「ダウンシフター（ズ）」と呼ぼう。昨今、日本中、世界中でそのダウンシフターズが増殖している。彼らは「社会を降りて、社会を変える」と語り、過剰な消費や経済成長主義を自ら降りて、小さな生業や収入にダウンシフトしていく。自給する「半農半X」も多い。金銭的には貧乏なはずなのに、仲間が多く、とても幸せだ。経済危機が叫ばれる中でも、実は先駆的な生き方をしているダウンシフターズは、飄々と毎日を楽しんで生き抜いてゆけるだろう。

さて実は、当店が今あるのはカフェスローのお陰だ。開業する前、その存在を知り、足を運んだ。そして多くの刺激をもらった。よくコミュニティーの場の必要性が言われているけれども、すでに10年前からカフェスローはあった。私は思った。カフェ先駆者がここにあるなら、自分は呑み場の先駆者になろうと。そう思わせてくれたのが、実はカフェスローだったのだ。多謝～。

【高坂勝プロフィール】
都心で Organic Bar をひとり営むかたわら、千葉で米自給。
NPO SOSA PROJECT 代表。
著書『減速して生きる ダウンシフターズ』（幻冬舎）

**たまにはTSUKIでも眺めましょ**
東京都豊島区池袋 3-54-2　TEL.03-5954-6150
http://masarukohsaka.org/saito/Welcome.html

# 料理は、言葉より伝わるコミュニケーション

カフェスローキッチンスタッフ・安田花織

「私の夢は、『流しの料理人』なんです。それぞれの土地で生まれた食文化や、それを育んできた人たちに出会うことができるから」。嬉しそうに言う安田花織（29）は、調理師学校を出てから日本料理屋で修行した、和食をベースにする料理人だ。「その場でしか味わえないものを出して、お客さんに驚いてもらいたい」と語る彼女の料理は、食材への愛情と遊び心であふれている。

## エコとか自然食品店は嫌いでした

カフェスローに来るまでの私は、エコとか自然食品店ってなにかうさんくさくて、好きじゃありませんでした。「体にいい食材だからとにかくいいんです」みたいな雰囲気が、おごっているように感じられたからです。

自分は、まず「おいしい！」を大事にしたい。「おいしいな」と思って、たどってみたら安全だったというのがいいなと思うんです。カフェスローのことを知って、今までのそういうお店

とは違う感じがしました。「エコ」だけじゃなくて、自分たちが気持ちよく生きることを大切にしているように見えたからです。

私の料理のベースは和食です。その前は自由に料理を楽しみたいと考えていたので、創作料理屋で働いていましたが、やればやるほど基本が大事ということがわかりました。それがない料理の力なんて、すぐに底をついてしまう。何百年も続いてきた伝統の価値がわかって、ちゃんと勉強するために和食の料亭で3年間修行しました。冠婚葬祭の料理や四季の移ろいを盛り込む美意識など、学ぶことは多かったんですけど、違和感を持つこともありました。効率的に儲けるために、使いたい所だけ出し、食材をたくさん捨ててしまっていました。毎日大量のゴミも出ます。

私は、料理は循環の一つだと思っているので、何かしら次につながるよう食材を扱いたいと思っていました。また、ハレの日の特別な料理よりも、明日のエネルギーになる「毎日のご飯」をつくりたかったんです。

そのお店をやめて、次にどこに行こうか探しはじめたとき、本屋さんでカフェスローのことを知りました。「これだ！」と思いましたね。雑誌を見たその足でお店に駆けこんで、吉岡さんにいきなり「働かせてください」って言ったんです。ビックリされましたけど（笑）。

## 「デザートできる人を雇って下さい！」

みんなの集まる食卓や美味しいものが生まれる台所の雰囲気が好きで、物心ついたときから料理をしていました。だから料理を通して人とコミュニケーションを取るのが好きなんです。食事をしない人なんていないし、料理って、おいしければ食べてもらえるじゃないですか。わかりやすいですよね。

お店では、せっかく外食として食べに来てもらっているので、ちょっとした非日常感を出せたらと思っています。そしてそこで発見したものを家に持って帰って、やってみてもらえたら嬉しいですね。

私のおじいちゃんは農家だったので、幼い頃から保存食をつくったり、普通の家では食べないような部分も、

ちょっと工夫したらおいしくなることを感じて育ちました。例えばダイコン葉なんて捨てられることが多いんですけど、ちょっと工夫すれば、「ゴミ」じゃなくて「おいしいご飯」に変わります。切り干し大根のような昔からある日本の食材だって、組合わせしだいで洋風にも中華にもなる。

見方を変えて想像力を膨らますだけで、全然違った風景が見えてきます。そんなふうに、食材それぞれの性格を知って「料理で遊ぶ」ことの面白さを届けられたらいいですね。

カフェスローで5年ほど働いてきましたが、いちばん大変だったのは、国分寺への移転後でした。お店が大きくなってメニューも新しくなったし、デザート担当の人がやめちゃったから、つくったことのないケーキをつくらないといけなくなったんです。私はデザートづくりの知識も経験もないし、そもそも甘いものが好きじゃないので食べないんです。だから本気で「デザートできる人を雇って下さい!」ってお願いしましたよ(笑)。

でもやるからには妥協はしたくなかったので、必死になりました。仲間の感想を聞いて、何度もつくり直しました。そしてだんだんと、こうしたいと思うものが形になってくると面白くなってきました。ようやく、私も仲間も納得できるものができたとき、心から「これを食べてもらいたい」と思ったんです。この経験を通して、やってできないことはないなと思うようになりました。

それ以来、デザートはつくり続けています。カフェスローは、仲間と一緒にやることで、自分の得意な部分を深めながら、できなかったことをできるようにしていける場なんです。料理人としての自分にはまだまだ課題は多いですけど、成長し続けていきたいと思っています。

おススメ!

## 安田花織のオススメ「デザート」

カフェスローのデザートには、アレルギーのある人も安心できるように、乳製品や卵を基本的には使っていません。また、甘みもてん菜糖やメープルシロップなど体に負担の少ない食材を使っています。でも「甘いものを使わないからおいしくない」とならないように、素材それぞの美味しさが際立つようなデザートを考えて作りました。まずは食べてみて、「おいしい」と感じることから始めてみてください。

野菜のかき揚げをつくる

# 生産者として、自然に生かされている自分を感じる

## 百姓／「さわのはな」生産者・高橋保廣

「オレは産直にこだわってきました！」。元気があふれるばかりにそう語るのは、山形県新庄市で農家を営む高橋保廣（65）だ。彼が作る米「さわのはな」は、幻のお米とも呼ばれ、カフェスローでも主食として使われている。誰が作ったかわからないものではなく、自分で作ったものを自分で売りたいと言う高橋は、長年、産直を通じて消費者と顔の見える関係づくりにこだわってきた。

### 次の世代を育む女性のための食べ物をつくる

オレは中学を出てからずっと産直をやってきました。産直は「今日はどうだ？」って、お互いが接する中で対応できますから、それがいいんです。また、買ってくれるのは主婦なんですが、女性の優しさみたいなものをたくさん感じて育ってきました。百姓の姓の字は、女が生きると書きます。それでオレの名刺の肩書きには、あえて大きく「百姓」って強調しているんです。

次の世代を育む女性のための食べ物をつくることを意識したら、農薬なんて使えないし、安全なもの生産していくことは当たり前なんですよ。

オレは親父の代から有機栽培をしてきて、今は息子と一緒にやっています。作っているのは「さわのはな」と大豆、それからいろんな野菜です。大豆では自家製のミソも作ります。同じ作るにしても、楽しんで作ってきました。太くてボーンと、元気よく育っている稲を見るときの楽しさといったら格別ですな。

稲にはいつも「頑張れな！」と声をかけています。そうして生命力が稲の中に育ってきて、それを食べてもらう。すごい醍醐味ですわ。

農家は大変だってよく言われるんだけども、生産者として、自然に生かされている自分を感じていると、「大変」という言葉は出てこないんだな。子どもの頃からずっとやってきたので、この体は四季と同じように動いています。作物が望んでいることは何か、そういうことが全部体の中に入っている。自分も自然の一部だと考えれば、自然に対する思いが全然違ってくるんです。

この頃はオレの周りに、農業をやりたいという若い人も増えてきました。だから農業の将来を不安視はしていません。自分はやっぱり種まきをやっているんだなと思いますね。

## 「おもしろい農家」を育てる場所

「さわのはな」を卸している所は、東京ではオーガニックカフェが多いです。こういうところに集まってくる人は、食べるものに興味を持って、安全を求めています。そこに我々が入っていけるというのは、百姓冥利に尽きると思っていますな。

これまでカフェスローでは、米づくりへの思いを語ってきました。人も稲も、育つ環境は同じで、やっぱり根っこを大事にしないといけないんだよと。除草剤とか化学肥料に頼らず、自分の力で育つ稲づくりをしていきたいという思いを伝えたんです。

その後、カフェスローで話を聞いたという人が新庄まで訪ねて手伝いにきたこともありました。こういう出会いも貴重だなあと思いますね。

農家の人は、今まではあまり主張してこなかった。で

高橋保廣がつくる「さわのはな」と大豆

も、このままでいったら「おもしろい農家」ができないと思うんです。面白く生産をして、その楽しさを共有できるというのがおもしろい農家だと思うんですが、カフェスローのような場所がそういうおもしろい農家を育てるんだと思いますね。

ここではいろいろな人や情報が集まって、新しいつながりができます。だからここに来る度に、自分たち農家が育てられているような感じがするんです。

いまわたしがいちばん心配しているのは、種の問題です。遺伝子組み換えの種が、TPPを通じてアメリカからどんどん入ってくると、種そのものが犯されることになります。これだけは絶対に阻止したい。

あとはアメリカから害虫や雑草も入ってきます。アメリカの害虫や雑草は被害がひどくて大変です。そういうものに対しては強い農薬を使わないといけなくなる。いっときの利益とか数字だけ見ている人には、それがわからんのでしょうな。

宮城の被災者とともに新庄の田んぼで作ったお米「まけるまい」

名古屋の試験場を訪れて遺伝子組み換えの稲を見学したことがあります。稲を一目見て、「おい、元気ねえぞ！」という感じだったんです。根っこを引き抜いて見たら、根っこにも生命力がまったくない。そもそも、主根だけで、こんも（毛根）がない。これは、おっそろしいぞー。太い主根は窒素と水分を吸収しているんです。こんもはミネラル分を補給している。それがないということは、ミネラル分の補給はどうするの？

こういうものが、自然界から切り離して、人間がつくったものなんです。これを食うのか…と思うとやっぱり食わしたくないなと思いました。この状況は、生産者として絶対に伝えないといけないことなんです。そういう役割ができるのであれば、私はどこにでも行きたい。カフェスローのような場は、それを伝えられるし、広げていくことができる場なんです。

# 「生きるエネルギー」を皿の上に盛りたい

## カフェスローキッチンチーフ・新納《にいろ》平太《へいた》

「カフェスローの料理に、もっとライブ感を加えたいですね。このお店でしかできない食事があると思うので…」。独特な間をとりながら、食への思いを語る新納平太（36）は、2011年の夏にカフェスローのキッチンに入ったばかりだ。彼はこれまで、NPO法人Be Good Cafeのキッチンスタッフや、オーガニックのケータリング会社を運営するなど、これまで食に絡んださまざまなことを手がけてきた。他のスタッフにはない多彩な経験と幅広いネットワークを活かして、彼がカフェスローで実現しようとしていることについて聞いた。

### 都会の食生活って貧しいんだな

19歳まで鹿児島にいました。父は陶芸家で、食べ物はほぼ自給していたんです。だから買って食べる習慣はなかったですね。その頃から自分でもよくご飯をつくっていました。でも子どもの頃は、友達のお弁当にミートボールが入っているのを見て、羨ましいなぁとは思いました

けど。高菜の漬け物のおむすびを陰ながら食べていました（笑）。

大学を出て写真家になりたかったので、19歳から東京で暮らしました。写真スタジオで働きましたが、そこの食事がコンビニ弁当なんかで驚いたんです。それまでは華やかな東京への憧れがあったけど、いざ来てみたら都会の食生活って貧しいんだなと感じました。

わたしは音楽が好きで、いろいろなイベントにも出ていました。そこで出会ったのが、NGOのBeGood Cafeです。BeGoodは、遊びながら環境意識を高めるイベントをやっていているところです。そこではオーガニックフードを出して、都会の大量消費のおかしさを伝えていました。遊びが入り口になるって面白いなと感じたのと、ボランティアの熱さが衝撃的だったので、関わってみたいと思いました。

BeGoodでは、いつの間にかフードチームに誘われて、月に一回のイベントでオーガニックフードを出すようになりました。また、エコプロダクツ展でオーガニックレストランをプロデュースする機会などもあって、料理を人に食べてもらう場が増えていきました。

特に大きな仕事は、BeGoodで愛知万博に出店することになり、その責任者を任されたことでした。40人のチームを一からつくり、半年前から愛知に住んで準備をする。そして食材も畑作りから始めて調達するという大掛かりなプロジェクトでした。メニュー開発から、他のNGOとの交流まで、何でもやりましたね。大変だったけど刺激的な毎日でした。

## 外から見た最近のカフェスローは少し疲れていた

BeGoodの中心メンバーとして3年働いたあと、ある方と会社を立ち上げました。WEBで注文を受けて、オーガニックフードをケータリングする仕事です。ファッション界とかビジネス界とか、今までとはまったく違うフィールドの人と出会い、新しい食のスタイルを考えました。形が決まった料理を提供するのではなく、クライアントと相談しながらつくっていくという面白い体験でしたね。リーマンショック後の経済不況もあり注文が減りましたが、今も引き続きカフェスローの仕事としてやっています。

その頃から、料理の世界で10年やってきた人間として、何か新しい形で食と関わっていけないかと考えていました。そこで震災があって、そのあとカフェスローから声がかかりました。

今までいろんなことをしてきました。これだけ食に関わる多様な人たちと一緒に仕事をした経験がある人間はあまりいないのではないかと感じているので、その経験を活かせればいいですね。とはいえ、今までほとんどの仕事はスクラップ&ビルドという感じだったので、固定の店舗とはまた感覚が違いますが。

カフェスローをずっと外から見てきました。コミュニティカフェの老舗なのですが、ぼくから見ると、このところあまり元気がないように見えました。3・11の震災を経て、社会の価値観も大きく変わりつつあります。その中で、お店としてどういう方向に行くのか過渡期を迎えているのかもしれません。

これまでカフェスローでは肉は出していませんでした

イベントでイノシシの肉を振舞う

が、肉だってダメとは限りません。都市近郊での持続的なスタイルで畜産を発信しているメーカーさんとの出会いもありました。畜産は日本の産業の一部でもあるので、何らかの形で発信をしていけたらと考えています。

大事なのはバランスですから。みんなと話し合いながら、コミュニティカフェらしいあり方とは何かを模索して、新しいものをつくっていきたいですね。

自分の中では、オーガニックもスローフードも、そして美味しいのも当たり前なんです。食の背景を知ることで、「美味しい」とか「安全」の先にあるものを、どう伝えていくのか。食べあわせとか、素材感とか、驚いてもらうことも大切です。

食は「命を食べる」ということなので、わたしはいつも、もっと「生きているエネルギー」を皿の上に盛れないだろうかと考えています。そこににじみ出る喜びを、形にしていければいい。そう思っています。

新納家自慢のポトフ。ダイコンなどをまるごと豪快に煮る。

レシピ3 カフェスローの経験を活かして

# 食べることを通して、ぼくらは世界とつながっている

## 食堂&カフェひとつむぎオーナー・前田寛《ゆたか》

「切り離されて見えにくくなった食卓とその向こう側。それを紡ぎ直すことはきっと僕らの生活を楽しく豊かにしてくれる」。「食堂&カフェひとつむぎ」のコンセプトは、人と人、人と自然を丁寧につむいでいこうという思いであふれている。この小さな店を切り盛りしてきたオーナーの前田寛(35)は、カフェスローで働いていた元スタッフでもある。彼は、当時から農家と消費者をつなげるイベントを開催するなど、食を通して人と人とを積極的に結びつけてきた。

### カフェスローらしいイベントってなんだろう?

カフェスローで働き始めたのは、オープンしてちょっとたってからでした。当時はまだスタイルが固まっていなかったんだと思いますが、飲食店の素人のぼくから見ても穴だらけでしたね(笑)。いちばんの問題だと感じたのは笑顔が少ないこと。カフェスローが持っているメッセージは素晴らしいのに、スタッフからわくわく感が出ていないから、お客さんが来た時に「こ

**食堂& cafe ひとつむぎ**
愛知県知多郡東浦町大字緒川字姥池 29-4
TEL.0562-85-3982　http://www.hitotumugi.net

こには何かあるぞ！」と感じさせる雰囲気がない。何とかしなきゃ！って思いましたよ。それでお店の雰囲気を変えていくこととか、ちょっとずつ取り組んでいきました。だんだんと良くなっていく手ごたえみたいなものはありましたね。同時に、ここからもっとアウトプットをしていきたかったので、カフェスローらしいイベントって何かなって考えたんです。ぼくがこだわりたかったのは、食とか農を切り口にしたものでした。

一緒に企画したのが、NPOトージバの神澤さんたち（80P）でした。トージバは、東京から行ける場所に畑を借りて、実際に若者を連れて種をまいたりしている団体だったんですが、現場を持っているトージバと、広く発信していけるカフェスローがつながったら面白いんじゃないかとひらめいたんです。

「半農半X」で話題の塩見直紀さんをゲストに呼んだり、神澤さんの知人の豆腐屋さんが、実際に色々な地大豆を使って豆腐を作ってきてくれて食べ比べをしたこともあります。食を通して、農家さんと消費者をつなげるこの一連の企画は好評でした。

そしてここからはじまった「都会の人と農家さんをつなぐ」という流れは、「東京朝市アースデーマーケット」や、「土と平和の祭典」の開催へとつながっていきました。当時は食品偽装の問題などもあったので、世間的にもそういったことの大切さが見直されていたんだと思います。そして、「食べることを通して、いろいろなものとつながっていることを感じられる場をつくりたい」という思いは、今の自分のお店のコンセプトにもつながっています。

## 答えは自然の中にあるんじゃないか

20代半ばに、岐阜の山奥で暮らしている知り合いのおばあちゃんの畑を手伝ったことがあるんです。そのおばあちゃんに自然のことと か作物のこと、昔の暮らしのことなどいろいろ教えてもらいました。自分の周りにある全ての自然と自分がひとつの流れの中にあることを理解し始めたとき、どんな就職に有利な資格を取っても落着かなかった心が急にふっと落着いた。生きていく上でいちばん学ばなくてはいけないことをその時に学んだ気がします、まさに地に足がつく感覚というんですかね。

やっぱり答えは畑とか自然の中にあるのかなと。それで有機農業をしている団体の農業研修に参加しました。野菜をつくったのは1年だけでしたが、この経験を通じて農や食のことを頭ではなく、心や体で感じることができるようになりました。自分でつくった野菜ってすごくうまいんだなと思ったし、いろんな人がぼくが感じたようなことを感じてくれれば、もっと世の中がいい方向に変わるのかもしれないと思いました。

それで、こういうことを伝えられる場ってどこだろうって探していたときに、ムーブメントを発信している、カフェスローという面白いお店があることを友人から聞いたんです。

## 地元にカフェスローのような店をつくりたい

カフェスローで数年働いて、この場所にはいろいろな可能性があることがわかってきました。それでぼく自身も、こういうスタイルのお店をやって発信していきたいなって思ったんです。東京には似たようなコンセプトのお店もあるし、ぼくが出る幕はないけれど、地元の愛知なら力を発揮できるんじゃないかと思って帰郷しました。

店を開くときぼくの信念としてあったのは、メッセージだけでなく経営もきちんと成り立たせることでした。良いことしていても、経営がダメでは一般の人は理解してくれません。楽しく働いて、経営も何とか回っているというラインを実現できたら、「そういう生き方はありだよね」って多くの人が共感してくれると思うんです。そうした信頼が得られると、フェアトレー

ひとつむぎの「ご飯セット」。
旬の食材がふんだんに使われている。

ドなどの話をしても、聞いてもらいやすくなるんじゃないかと。

そこを目指してやってきて、今はお店を出してから2年ちょっと（2011年末現在）ですが、だいぶ地元での認知度もあがってきました。今まではお店を回すので必死でしたけど、これからはワークショップをやったり、発信の方にも力を入れていきたいと思っています。

これはぼくがカフェスローにいる頃から思っていたことですが、ここで働いた人が、その経験を活かして各地域で店を出して、それぞれがコミュニティカフェのネットワークを広げていけたら素敵じゃないかって。カフェスローの魅力って、そういう人材を輩出するお店にもなれることじゃないかなと思うんですよ。

おススメ!

## ひとつむぎ・前田寛のオススメ「ご飯セット」＆「パンセット」

うちのお店でこだわっていることは、季節感を出すことです。ランチで「ご飯セット」と「パンセット」という形で提供していますが、地元にそのときある旬の野菜をふんだんに使っています。

## インドやスリランカから直接スパイスを仕入れたい

### スパイスカフェビージャオーナー・清川孝男

カフェスローの経験を活かして、地元で店を持つようになった元スタッフは何人かいる。けれど、彼ほど明確な目的意識を持って学び、今のお店で実践している人は珍しいかもしれない。浜松のオーガニックカレー屋「スパイスカフェ・ビージャ」のオーナー清川孝男（38）。外資系の経営コンサルタント会社を退職後、ニューヨークで食とビジネスについて学び、インドでカレーの修行をしてから開店にこぎつけたこだわり派だ。

### 栄養不良は「カレーの国」じゃないか！

ぼくは自分の店を持つ夢に燃えて、カフェスローの門をたたきました。でも吉岡さんに「こんなに大変だって知っていたら、カフェなんてやらなかったよ」って言われたんです。こっちはこれから店出そうって思ってるのに、この人は何でこんなこと言うんだろうと思いました。でも、始めてみたらその意味がよくわかりました。あぁ、こういうことだったのかって（笑）。

子どもの頃から起業をしたいと思っていて、大学でビジネスの勉強に取り組みました。また、

有機農法の米づくりに関わったり、バックパッカーとして世界30ヵ国を旅しました。各地で有機農家や自給生活している人たちに会ったのも印象的でした。旅を通してオーガニックやフェアトレードに触れて、そういったことを伝えていくような仕事ができればと考えるようになりました。

その後、家族の介護を経験したときに、食事療法を勉強しました。もともと食への関心はあったんですが、これがきっかけで食と健康のつながりがわかってきて、「健康な食」を提供することを自分の仕事にしたいと決めたんです。

そこでまず、ニューヨーク大学の大学院で、健康な食を提供する人材を育てるコースがあるというので、2年間学ぶことにしたんです。ここの授業は刺激的でした。例えば現代の食の問題を学ぶ授業では、先進国で栄養の取りすぎで困っている人が12億人くらいいるのだけれど、それと同じ数だけ、栄養不良で困っている人がいることを知りました。

食べ物がない地域はアフリカはもちろんですが、インドやバングラディッシュなど南アジアの国も多かったんです。とっさに、「あ！カレーの国じゃないか」と思いました。

そこで、カレー屋だったら、日本でも人々が食べやすい形で食を提供できて、途上国を支援することにもつなげやすいんじゃないかって思いました。カレーと

**Spice Cafe Bija スパイスカフェ・ビージャ**

静岡県浜松市中区富塚町 449-1

TEL.053-474-0330　http://bija.jp

一緒にフェアトレードで紅茶やスパイスを提供することもできる。それは別に勉強の成果というより、自分がもともと「三度の食事ともカレーでオッケー」というほどカレー好きの食いしん坊だから、ひらめいたんだと思いますけどね（笑）。これがビージャというお店をつくるベースになりました。

まずはカレーをつくれるようになるためにインドや日本でカレーの修行をしました。また、単にカレーを出すだけの店ではなく、途上国の問題やオルタナティブな生き方をお客さんに伝える店にしたいという思いがあったので、そういうことが日本できちんとできているお店を調べたんです。そして、カフェスローに勉強に行くことにしました。

自分のお店をどんな風にしていきたいかイメージしたとき、情報発信しながらレストランとしても成り立たせているカフェスローというのは、一つのモデルだったんです。カフェスローでは2ヵ月くらいインターンをしましたが、特にイベントのやり方なんて普通のお店では学べないので、参考になりました。

## 顔の見える食材を仕入れられるのは、地元ならでは

お店は2007年にオープンしました。オープン当初は思いどおりにいかなくて、1年もつかなという感じでしたが、なんとか経営は成り立っています。カレーは幅広い層に人気がある

ので、「カレー」という切り口だけで浜松のカレー屋さんの面白いネットワークもできているんです。どこのお店もカレーについてはこだわってやっているので、カレーの味とか人気で他の店と競争したいとは考えていません。

ビージャの特徴は、やはり情報発信するカフェ的な要素を持っていることですね。今の日本の暮らしはちょっと違うんじゃないかとか、今までと違ったことを取り入れようと思うきっかけがつくれればいいと思っています。

開店当初はかなり意気込んでいたので、いろいろと資料を置いたりと頑張ったんですけど、結局お客さんはあまり読んでくれませんでした。あくまでカレー屋さんなので、小難しい理屈よりも、おいしそうな写真一枚の方が効果的だったりするんです。カフェスローでも聞きましたが、お客さんが知りたいなと思うときが大事だって思います。

カフェスローに来るお客さんは、東京の数あるお店の中でそこを選んでくるので、多少なりともオーガニックやフェアトレードに関心がある人も多いんですけど、浜松では、フェアトレードって言葉

も知らない方がけっこういるんです。そういう普通の人に知ってもらうためにはステップがいる。

一方で東京じゃないからこそできることもあります。浜松は冬でも農業ができるという特性もあって、日本の中でも農業が盛んな地域です。それだけに有機農家さんもたくさんいます。そういう農家さんの畑がすぐ近くにあって、顔の見える食材をたくさん仕入れることができているのは地元ならではですね。

これからやっていきたいこともたくさんあります。いまは、うちで扱っているフェアトレード商品は、コーヒーや紅茶、スパイスなどですが、いずれもフェアトレード団体から仕入れています。でも今年からは、スパイスと紅茶は、インドとスリランカの有機農園から直接仕入れたいと思っています。やっぱり誰かを通すより、自分が自信を持ってお勧めできる、顔の見える関係をつくりたい。

カレー屋でそこまでやっている人はいないと思いますが、ぼくはもともとバックパッカーなので、そういうのが好きなんですよね（笑）。

おススメ!

## ビージャ・清川孝男のおススメ「野菜カレー」

うちのカレーは有機スパイスを使ってこだわってつくっていますが、何日も煮込んだりせずに、1日でつくります。イメージしているのは、インドの家庭料理です。インドカレーはサッと作ってサッと出すのが基本。ヘルシーで油をほとんど使わないことや、玄米ベースで有機野菜中心という特徴もあります。

だからうちで一番人気なのは野菜カレーです。あとは、浜松の人がオムライスが大好きなので、オムカレーなども出しています。お店をやってみて思ったんですが、ぼくはカレーマニアなので、本格インドカレーへのこだわりがあるんですけど、こだわりすぎちゃうと、お客さんに注文してもらえないんです(笑)。そういう意味でも、面白くてかつ、みなさんに受け入れてもらえるものをつくっていきたいですね。

1番人気の野菜カレー

# 一つ一つに時間をかける。それが大事なんだ

## NPOインフォメーションセンタースタッフ・戸沢竜也

学生時代から農園プロジェクトや災害支援など、積極的にいろいろな活動に関わってきたキッチンスタッフの戸沢竜也（27）。東日本大震災でも、いち早くボランティアに駆けつける行動力を見せた。２０１１年の末にカフェスローを退職した彼が、福島でやろうとしているプロジェクトについても熱く語った。

### 被災地で淹れたコーヒーは喜んでもらえました

3月に震災が起きて3日後に、車に支援物資を積んで東北に向かいました。ぼくは学生のとき中越地震のボランティアに行っていたので、今回もそのときの仲間と一緒に動いたんです。支援が届いていない避難所を探して南三陸のあたりをまわり、最終的に石巻に拠点を移しました。石巻では、落ちている端材などを使って避難所になっている小学校から泥をかき出したんですが、泥が海水を含んでいてものすごく重い。気が遠くなるような作業だったし、当初は本当に復興なんてできるのかな、という感じでした。でも、週末を利用して何度か訪れるたびに、

街の状況が良くなっていたので人の力って凄いって思いました。４月の終わりには、ウインドファームからコーヒーを支援してもらい、炊き出しをしている隣で、３日間カフェのブースを出しました。被災地ではインスタントばかりなので、本格的なコーヒーには喜んでもらえました。

個人レベルでやる災害ボランティアは、できることは限られています。それでも、現場に行けばやることは山ほどある。中越地震のときは雪かき作業などのお手伝いもしました。今は、そのとき親しくなった方に顔を見せに行くだけで喜んでもらえます。ボランティアなんて遠い存在だったけど、ぼくらと出会ったことで今度は自分もやってみたいと言ってくれる人もいます。これからも、そういった関係を大切にしていきたいですね。

ぼくがいろいろなものに関わるようになったきっかけは、埼玉の大学に通っていたときに出会った、「見沼・風の学校」というプロジェクトです。これは、埼玉県の見沼田んぼにある「見沼田んぼ福祉農園」という場所を拠点に、学生が中心となって環境教育を行っているグループです。電気も水道もないところでキャンプをしたり、自分で育てた野菜をその場で料理してみんなで食べたり…。便利なものが何もない所で、一つ一つのことに時間をかけました。その過程で、大切なことが何なのかを体で学べたんです。当たり前だけど、畑で作物ができるには時間がかかる。都会で暮らしているといろんなプロセスが省略されているので、その当たり前のことがわからなくなってしまっていたんだなと感じました。

この農園のおかげで、地産地消とかオーガニックとか、今の仕事につながることにも関心を持つようになったし、いずれは、ここでつくった野菜を出す飲食店をやりたいと思うようになりました。大学を出てカフェスローを知ったときに、普通のレストランと違って面白そうだと思ったのは、農園のおかげだと思います。大学卒業後も週末を利用してこの農園には関わってきました。カフェスローと同様、ずっとつながっていたい場所です。

## 福島で人々が集うお店を出したい

本格的にオーガニック料理をつくったのはカフェスローのキッチンスタッフになってからでした。肉を使わないでどうやっておいしくするかとか、野菜や豆腐だけでも十分メインのおかずになることを学べたので面白かったですね。それから「顔の見える食材を使う事の大切さ」も学びました。自分は、農家さんに会って直接話を聞いたことで、食への向き合い方が変わりました。例えば「さわのはな」の高橋さん（51P）や、お酒をつくっている寺田本家、こういう人たちは食べる人のことだけじゃなくて、次の世代のことも考えています。そういう人の作った作物は、稲やお米の一つ一つに生命力があるんですよ。そういうことを発信していけると

福島の被災者を沖縄の牧場に招いて行ったキャンプで

いうのが、カフェの役割の一つだと思います。お客さんにも、どういうところで、どんな思いでつくっているのかを知ってほしいですね。

ぼくはカフェスローを退職して、2012年から寄田《よりた》勝彦さんという方がやっている「インフォメーションセンター」というNPOで、福島に牧場を作るプロジェクトをお手伝いする予定です。寄田さんは全国に牧場を持っていてホースセラピーや馬車プロジェクトをやっている方なんですが、彼は馬とふれあうことで命の教育ができると言います。震災以降は、自分の牧場に子どもたちを避難させるキャンプを行いました。でも福島の中で新しい動きをつくりたいということで、福島の中では放射能の値が低い猪苗代で牧場をつくり、子どもたちが元気に遊ぶ場や、人々が集う場にしていこうと計画しています。

ぼくは、いずれはその牧場の隣で自分のお店を出したいと思っているんです。もともと自分のお店は田舎でやりたかったし、そこが駆け込み寺的に、人が集まってくる拠点になればいいなと思っていましたから。

コラム

# 幸せってなんだろう、それを表現したい

佐藤玲／アーティスト

暗闇カフェの空気感とか、お客さんやスタッフとの些細なやり取り…、心地よい時間を過ごしたいろんな光景が頭に焼きついています。それから覚えているのは、お客さんとコミュニケーションを取るためのノートに、よく落書きをしていましたね（笑）。当時は絵の専門学校を出て、今の職場でアシスタントをしながらカフェスローで働いていたんです。働きはじめて、カフェって面白いなと思いました。ご飯とか飲み物を通して、話しだけでは実感しにくいことを広げていくのに向いていると感じたんです。

カフェスローのコーヒーは、はじめて飲んだときビックリするほどおいしくて…。だから、コーヒーを淹れる立場になってからは、毎日緊張していました。温度や淹れ方でも味が変わってしまいますから。お客さんにはまずおいしいさを感じてもらって、そこからコーヒーに興味を持ってもらいたいとの思いでやっていました。実際に働いたのは1年に満たないくらいですけど、すごく勉強になりました。

私は、絵と写真を組み合わせた作品をつくっています。実際の風景の上に、目には見えないけれど感じられるものを描く。例えば、「音」って目に見えないけれど、確かにそこにある。そういうものを表現したいと思います。カフェスローで働こうと思った時に考えていた事も同

じなのですが、作品を作る時にも「幸せってなんだろう?」ということを考えて作る事が多いです。大切なことは、誰か一人が幸せになることではなくて、たくさんの人が幸せになること。みんなの心が温かくなるためにはいろんな方法があって、自分は絵でそれを伝えていきたいなぁと。いろんな人の心に残るようなものがつくれたらいいですね。

自分は絵で表現していますが、カフェスローは人と関わって幸せやライフスタイルについてのいろんな情報を広めている。私とカフェスローでは、実は伝えたいことや目指していることは同じで、方法が違うだけなんだと思います。だから、カフェスローで体験したことがアートにもつながっているんです。絵の勉強だけしていては学べないこと、感じられないことを日々の接客や、繋がりのある人々と出会う中でたくさん経験することが出来ました。これからもこのカフェと一緒に歩いていきたいですね。そういう意味でも、今回はカフェスローの本に、自身の制作で関われるというのがとっても嬉しいです。カフェスローって、いつ来ても温かく迎えてくれる場所なんですよ。ここはこれからも、そういう場所であってほしいなって思います。

©Kikuko Usayama

**佐藤玲**

アーティスト。独自の温かさが漂う特異な作風が魅力。
NYや台北での個展開催、グッゲンハイム美術館の音楽劇でアートディレクションを務めるなど世界で活躍。本書のカバー・デザインも担当している。

PART.2

# 地域をつくる、世界とつながる

カフェスローのキーワードはつながり
カフェは私たちと地域を、
あるいは世界のいろいろなものを
つなげてくれる小さな窓口でもある
その窓の向こうには、
どんな景色が広がっているのだろう

# 都会の人と農村とのつながりをつくる

## NPOトージバ事務局長・神澤則生

「これ、ロケットストーブって言うんです。座ると暖かいでしょう? こういう知恵を活かせば、電気を使わなくても生きていけるんですよね」。肌寒い年末の日暮れ時、千葉の神崎町にある古民家を改装した自宅兼オフィスで、神澤則夫（45）が手作りの暖炉を紹介してくれた。家族とともにこの農村に移住してまだ1年も経たないというのに、長年住んでいるように馴染んでいる。神澤は、NPOトージバの中心スタッフとして、さまざまなイベントやキャンペーンを通じて、都市で暮らす人が食や農に触れる機会をつくってきた。

### 大豆を通して見えてくるもの

都会で生活していたらダメだな、という思いはずっとありました。きっかけは、長男が生まれたときアトピーだったからです。調べてみると食べ物とかライフスタイルとか、複合的なものが原因のようでした。ぼくは東京でグラフィックデザインの仕事をしていましたが、家族を守るために、食べ物を作ったり田舎で暮らしたいと考えるようになったんです。でも、自分の

家族だけがそういう暮らしをしても世の中変わらない。じゃあ何ができるのか…。そんなとき都市と農村の交流をコーディネートしていた、当時大学生の研究委員だった渡邉尚くんと出会いました。彼は日本の各地を旅しながら、農村の情報を集めていました。彼と意気投合して、食のことを伝えていける企画を一緒にやろうということになったんです。そこから、都会の人に農村とのつながりをつくるトージバが生まれました。

トージバの仲間たちとやったのが、仲間をつのって耕作放棄地に大豆を植えることでした。大豆は、米などの穀物よりも手がかからないので、都会から週末だけ行っても作れるんです。まず都会から2時間くらいの所に大豆を蒔ける畑を見つけました。そして農家さんを応援する「トラスト」(*)(=相互信託)という仕組みを作って、一緒に種をまき、収穫した豆で味噌を仕込みました。「大豆レボリューション」と名づけたこのムーブメントには、けっこう共感してくれる人が多くて、農家さんにとってもメリットがあったんです。

ぼくたちの目的は、都会にいる人に農村に目を向けてもらうことでした。そして大豆の自給率を上げて、農家が少しでも豊かになればもっといい。それを実現するためには、思いを共有できる人たちが集まれる仕組みがつくればいいんです。やっていくうちに、いちばん必要なのは人手よりも、都会の人と農家さんをつなぐことのできるコーディネーターなんだと気づきました。農家は口下手な人が多いし、ITも苦手です。そこをサポートして情報を広めることができれば、やりたいという人は都会にたくさんいます。大豆レボリューションでは、いろんな人がコーディネーターの役をやってくれたので広がったんだと思います。

グローバリゼーションに対抗するのは地域、つまりローカリゼーションだとよく言われますが、それを考えるときに大豆って象徴的な作物なんです。味噌やしょうゆ、豆腐に枝豆など、日本人が毎日食べている大豆の自給率は、５％しかありません。何でこんなに低いのか疑問ですよね？　それは戦後、アメリカが日本に作物を買ってもらうための戦略として決められたからです。大豆は米とは違って、関税を設けないことになっています。だから遺伝子組み換え大豆などが入ってきても、食べるしかない。大豆を通して見えてくるのは、命よりお金を優先する「食べ物の工業化」です。

一方で、在来種の大豆の種はまだ日本に３００種類以上残っていると言われています。そういった「地大豆」は、それぞれの地域の気候や風土にあっている。千葉で蒔いて育てた地大豆の枝豆は、最高においしかったです。その土地に受け継がれている大豆の種は、地域の宝なんですよ。

手づくりロケットストーブ。座ると暖かい。

## ぼくにできるのは、ひとつひとつ証明していくこと

２０１１年の5月から神崎町で暮らし始めたんですが、東京にいたときより地に足がついている感じがします。神崎町にはいろいろな縁があって、大豆レボリューションや竹製のイベントテントづくりなどで、ここ6年くらい通いつめていました。それで古民家を改装して移住の準備をしていたところだったんです。渡邉くんとも、トージバを始めて10年になる２０１２年には、それぞれの場所を見つけて、農村から地に足をつけて発信していこうと話していました。それが震災の影響で1年早まりました。渡邉くんは宮崎に移住しています。

ぼくたちはこれまで、都会で話を聞いて、週末のキャンペーンで農作業を体験していました。でもこれからは農の現場に立って、実践しながら伝えていく人になっていきたいと思っています。3・11の震災は、自分たちの生き方を大きくシフトしていくチャンスでもあるのかなという気もします。もちろん、放射能の問題は簡単に浄化できるようなことじゃない。ぼくらができることは、こういうストーブを作ってみたり、ひとつひとつ証明していくことかなと思います。ほらね、こうすればあまり電気を使わなくても生きられるじゃないかと。こういうことをみんなでやろうよって。ぼくは千葉から、渡邉くんは宮崎から発信していく。こうした生き方に共感してくれる人を増やしたいと思います。

この町からは、地域を大切にするローカリゼーションを発信していきたいですね。地域が元気になっていくことが本当に大切です。神崎でも、先週末にはじめての「土と平和の祭典IN神崎」をやったばかりです。できることもやりたいことも、本当にいっぱいあります。まずはこの町にもっと都会から移住する人を増やしたいですね。この家もそうだけれど、使っていない空き家はたくさんある。それを改装すればあまりお金をかけずに普通に暮らせます。地域の人も空き家がきれいになると喜んでくれます。

それから、この神崎町にもカフェスローのようなコミュニティカフェをつくりたいと計画しているんです。やるなら非電化のカフェをつくりたい。カフェスローには、今後もみんながこういう店をつくりたいと思うようなお店であり続けてほしいと思っています。

＊トージバでは、参加者の会費から事前に管理費を農家に支払い、収穫した大豆を収量に応じて参加者に分配する仕組みをとっている。

# 「またここに来たい」という経験を家に持ち帰ってほしい

## 天然酵母のパン工房アチパン・一瀬圭介

カフェスローの中に、小さなパン屋がある。「あったかくて、ちいさい、パン屋さん」から名前をとった天然酵母のパン工房・アチパン（以下「アチパン」）は、天然酵母にこだわる一味違ったパン屋として高い評価を受けている。お客さんに試食を勧めるスタッフの一瀬圭介（33）は、アチパンを通して地域との絆をつくる活動をやってきた。彼にアチパン自慢のパンの話と、地域の中で果たしたい役割について聞いた。

### 見栄えは地味でも、材料にこだわっています

アチパンははじめ、カフェスローの店頭レジ横でワゴン販売していたんです。しばらくして、カフェスローと併設するスペースにお店を出すことになったときに、私は建築やインテリア系の仕事に従事していることもあり、お店の設計もすべて自らの手で行いました。その後府中から国分寺に移転する際にも、取り壊されてしまう建屋の外壁の板をはがして、今の店の内装の壁材に採用しました。壁に描かれているアチパンのロゴサインは、以前のお店では、外壁に描かれたサインだったのです。結構愛着はありますね。

アチパンのコンセプトは、「お母さんがつくってくれるようなパン」。見栄えは地味でも、材料にこだわって子どもに安心して食べさせられるパンをつくっています。アチパンの天然酵母パンは、すべて「白神こだま酵母(*)」と国産小麦を使用しています。天然酵母というと、ハード系の硬いパンも多いですが、白神こだま酵母と国産小麦でつくるパンは、しっとり、もちもちしていて、もっともシンプルなプチパンは赤ちゃんでも食べやすい天然酵母パンとしてお買い上げいただいています。

アチパンでは菓子パンよりも、食事と一緒にゆっくりと食べてもらえる、食事パンに力を入れています。販売しているパンのいくつかは、カフェスローの食事でも使われていて、カフェスローで食べたパンをそのあと買いに来てくれるお客さんもいます。そのつながりは、カフェの中にあるパン工房ならではだと感じています。

でも、「パンを買う」という行為にフォーカスして考えると、最近では駅中や駅前や大型スーパーの中など、多くの生活者にとって便利な場所でパンを買うことができるようになっています。この場所も駅から遠いというわけではありませんが、生活で使うルートを外れてここまでパンを買いに来る理由は何なのかな? といつも考えています。そういうことを考えると、「アチパンのパンでいい」ではなく、「アチパンのパンがいい」という商品やサービスを含めた経験価値を提供していかなければならないのではないかと思っています。

カフェスローでのお食事や体験も含め、パンやお菓子と一緒に「またここに来たい」という

経験もそれぞれの家に持って帰って頂きたいなぁと。他の店では味わえない、そうした豊かな経験も売っている店にもっとしていきたいですね。

アチパンをはじめて5年が経ちました。今後はもっと原点に戻ろうかと考えています。やはりアチパンの原点は、「町の小さなパン屋さん」であり、小さいからこそできるコトを考え、表現していかなければならないと考えています。２０１２年4月からは、「天然酵母のパン工房 アチパン」を「achipan design」（アチパンデザイン）とし、パンやお菓子の製造・販売だけではなく、ワークショップやこの土地を活かしたアウトドアイベントを通じて「食」を提供できる運営形態に変えていくことを目指しています。

## 自分たちの手で「地域」を創っていく

自分の経験として大きかったのは、砂漠の中の町づくりに関わっていたことです。私は10年ほど前、アメリカのアリゾナ州にあるARCOSANTI（アーコサンティ）という町づくりのプロジェクト内で働いていました。40年ほど前より何もない高原砂漠の中に人の手で未来の町づくりの在り方の実験をしはじめ、現在では実際に人が住み、仕事をし、コミュニティができあがっていてというユニークな場所です。ここには世界中から様々な人が集まってきます。世界中の学生もワークショップに来ますが、プロの料理人や、建築家やデザイナー、家具職人、クラフト職人や、農業に従事してきた人、科学者など……。

私はこの町で一年を過ごし、たくさんの刺激を受け、自分たちで自分たちの住む町を考えながら作ることを学び、帰国後も機会を見つけてたびたびこの場所を訪れています。

帰国してからは、国分寺でデザイナーの仕事をすることになりました。東京に住むのは初めてでしたが、数年間生活してみて「人と人」や「人と土地」とのつながりをもう少し強く、そして楽しくしていけるのではないかと感じました。

同時にアリゾナの町のように、ローカルに実験・検証を繰り返し、考えながら本質的な町の色、形、住み方を創っていける余地がまだまだあると思っています。

カフェスローは、いろいろな人が集まる拠点にはなっています。でも、どちらかというと、オーガニックとかに感度の高い人が、ネットなどの情報を見て各地から集まってくるという傾向も強いかと思いますが、これからは国分寺や小金井、府中といったこの土地にも重点を

置いたコミュニティ形成が重要であると考えています。

具体的なアクションとしては、「はけのおいしい朝市」という、地域に根ざした朝市を開催してきました。朝市のネーミングにもある〝はけ〟というのは、この地域にある国分寺崖線《がいせん》の通称。行政の区画を越え、この地域を貫く国分寺崖線上の町や自然に愛着がある店主が集まって組合をつくり、1か月に1回のペースで、2年以上継続しています。

こうした活動を通して、顔と顔を突き合わせて会話し、つながりをつくり、インターネット上だけではない情報交換をしていくことの大切さを実感しています。これから10年先、20年先のことを考えていくと、少子化が進み、独居老人が増えていったり、この土地にもいろいろなひずみが必然的に生まれてくるはずです。

そういうときに本当の意味での「地域」ができているかどうかで、人々の暮らし方は大きく違ってくるのかなと思っています。私は、こうした「地域」を創っていくなかで、このような朝市やアチパンという地域との接点がどうあるべきかを実践を交えて考え、行動し始めたところです。

*白神山地の腐葉土の中から採取された酵母を元につくられた天然酵母。少ない砂糖で自然な甘味のパンになり、油脂や添加物を加えなくてもしっとりとやわらかく焼きあがる。

おススメ!

## アチパン・一瀬圭介のオススメ「プチパン」／「山型パン」

アチパンのパンを初めて食べるというお客さまには、もっともシンプルな材料でおつくりしているプチパンのシリーズをおすすめしています。カフェスローのお食事メニューにも使用されているパンで、白神こだま酵母×国産小麦のしっとり、もっちり感を素直に味わっていただける商品です。小さい子どもが手で持って食べられる、このサイズ感も大事にしたいと思っています。

それ以外には、山型食パンも他の酵母との違いを感じていただける商品。これ以外にも、ライ麦や雑穀の生地をはじめアチパンの原点ともいえるパンがいくつかありますので、これからも継続して提供していきたいと思います。

# あたりまえに、いろんな人が暮らせる町をつくりたい

## カフェぶらぶら◆ソーシャルワーカー・池松麻穂／見学者の案内スタッフ・秋山里子／ウエイター・亀井英俊／ウエイター・川端俊

日高昆布とサラブレッドで知られる北海道浦河町。深刻な過疎に悩むこの町に、世界的に注目されている「浦河べてるの家（以下べてる）」[*1]がある。べてるは、精神障害などさまざまな病を抱えた人たちが自立し、就労するための活動拠点として多数の施設を運営している。もっとも有名なものが日高昆布を全国に販売するための袋詰め作業だ。医師ではなく、困難を抱える人自身が自分の病に向き合って人に説明する「当事者研究」など、ユニークな取り組みを続けてきたべてるには、日本はもちろん、世界各地から見学者が訪れ、浦河町の町おこしに一役買っている。

そんなべてるが、カフェスローに刺激を受けてつくったのが、町のメインストリートにある「カフェぶらぶら」だ。ソーシャルワーカーの池松とともに、日ごろからカフェに関わっている3人の、べてるのメンバー[*2]が語ってくれた。

**カフェぶらぶら**

北海道浦河郡浦河町大通り 4-9-6

TEL.0146-22-4033　http://cafeburabura.info

## カフェでは自然の森にいる気分で穏やかにすごせます

**秋山**：私はもともと鬱《うつ》でした。７年前にべてるとつながって、デイケアに通うようになりました。いま、べてるでは事務の仕事やオリエンテーションをしています。オリエンテーションというのは、べてるに毎年３０００人近くの見学者が来るんですが、その案内のことです。見学者の方はほぼ１００％カフェを訪れるので、カフェの案内もしています。「カフェぶら」のことはみんな気に入ってくれますね。こういうカフェってぬくもりがあってホッとできる場所なので、そこでお客さんと今までの経験を話したり、オリジナルのメニューを紹介して、楽しく過ごしています。

**池松**：べてるは精神障害の苦労を抱えている人たちが働いたり、ケアをしたりする場所です。鬱とか統合失調症といった苦労を抱える人も、べてるのスタッフとして雇用されて、働いている人もいます。秋山さんもその一人です。

**亀井**：ぼくは統合失調症で、「幻聴さん」とか「緊張さん」と付きあってきました。カフェではウェイターをしています。緊張さんが手や足を押さえつけるので、学生のときはアルバイトもできませんでした。だからぼくにとってはウェイターすることも簡単じゃありません。でも、べてるで緊張さんとどうつきあえばいいのかという研究をして、緊張さんも一緒に連れて行く練習をしました。それで出かけられるようになったんです。カフェでもコーヒーを出すときに手が震えるけど、できるようになりました。

**池松**：聞こえない声を聞いてしまうことを、べてるでは「幻聴さん」と人格をつけて呼んでいます。亀井さんは、カフェが始まった当初からウェイターをしてくれていますが、幻聴さんとか緊張さんに腕や足を押さえつけられるという症状があります。ちなみに、べてるには「安心してサボれる職場づくり」という理念があるんです（笑）。カフェで何もしないでつっ立っていても、「緊張さんがいて手が震えるんだ」と言えばみんなに理解してもらえる。そうやって気持ちが楽になると、手が震えても運べるようになるんです。

**川端**：ぼくは簡単に言うと、依存症とか、自分のことを大事にできない「苦労」をかかえています。カフェでは週3日くらい働いていて、ウエイターと、物販コーナーのコーディネートをしています。カフェで働くと、自然の森の中にいるような気分になって、穏やかにすごせるんです。

**池松**：川端くんが担当してくれている物販コーナーには、べてるのグッズとか、地域の特産品を置いています。べてるは、地域の特産品の日高昆布を全国に売りたいというところから物販を始めました。その店頭販売の場所としてカフェを活用しています。

**池松**：私はべてるのソーシャルワーカーです。べてるの仕事の一つとして、カフェの運営やイベントの企画に携わっています。浦河の隣町で生まれ育ったので、小さい頃からべてるのことは知っていました。浦河高校に通っていたとき、総合学習の授業でべてるのメンバーが来てくれました。幻聴が聞こえたりしながら生活している人がいるんだな、というのがわかって興味深かったです。大学で福祉を専攻して地元を離れたんですが、離れてはじめて、べてるが面白いことをしているんだとわかり、卒業して２００６年からべてるで働くようになりました。

ソーシャルワーカーは、一般的に困難にある人の相談にのって生活の調整をする仕事です。でも私はべてるに来て、一人では何もできないということを認める必要がありました。できないことやわからないことばかりで、メンバーのみんなの助けがないと相談の一つにも乗れないんです。べてるは商売もしています。昆布の仕入れとか商品開発のことなどは、「支援者」のはずの私よりも、みんなの方がプロなので、自分は無力だなあと感じました。

べてるでは、メンバーたちが自分の病気を分析して、自分自身の助け方を考えていく「当事者研究」というのをやっているんですけど、それを知ることで、私自身も助かるんです。メンバーに助けてもらいながら、6年がすぎたという感じです。

## 「スロー」とべてるの理念は一緒なんだ

**池松**：「カフェぶらぶら」は、もともと空き店舗だったところを借りて、交流スペースとして利用していた場所です。浦河町大通り4丁目の大通り沿いにあるので、「四丁目ぶらぶら座」

右から、池松、秋山、川端、亀井

と名づけていました。当時は、交流やべてるで製品化した日高昆布の販売をしていたんです。

　２００７年の終わりごろ、辻信一さんやセヴァン・スズキさんが遊びに来てくれました。そのときナマケモノ倶楽部の言う「スロー」と、べてるの理念が共通しているということで盛り上がりました。「スロー」はスピードのことじゃなくて、人と人とのつながりのこと。カフェは、そのつながりをつくる場所なんだって教えてもらったんです。それって、べてるが大事にしていることと一緒だなと。それで交流するようになって、カフェスローも見に行きました。

　ストローベイルに囲まれたカフェを見て、こういうお店っていいねって、みんなが思ったんです。べてるは、精神障害を持ちながら現実と接点を持って働く場所なので、自分たちの働く場をもっと増やしたいという意味もあって、ここをカフェに改装することに決めました。

**秋山**：そのとき私も参加したんですが、土と藁をこねたり、はじめての作業が多くて、新鮮な気持ちでした。地域の子どもたちもたくさん来て、ワイワイしながらつくるという楽しさを体験できました。

**池松**：べてるに対する偏見みたいなものはないわけじゃないので、カフェができたとき、町の人が大勢来るという感じではなかったんですけど、最近は音楽イベントなどに来てくれるようになりました。この間のジャズコンサートは50人くらい来ましたね。キャンドルナイトも、川端君の提案で実現しました。

**川端**：ナマケモノ倶楽部のことを調べているうちに、キャンドルナイトのことを知って、面白そうだなと思ってやったんです。これからもいろいろ企画したいです。

**池松**：そのとき私は参加者でしたけど、ロウソクの光の中で音楽を聞いて、ビックリするくらい気持ちよかったですね。

**池松**：私たちはカフェを経営した経験はありませんが、べてるでは日ごろから昆布の売り上げのこととか、経営ミーティングをやっているので、それを活かしています。カフェミーティングは毎週一回やって、メニューや価格をみんなで相談しながら、手探りで進めています。カフェで働くことは、メンバーにとって喜びになっています。それは「ちゃんとやらないといけないよね」という意識づけにもなっているようです。もともと引きこもりで、お風呂に入れないメンバーもいました。生活指導でお風呂に入ったほうがいいと言っても入らないんですが、カフェに関わって人前に出ることで、お風呂に入ったり身だしなみをきちんとするようになったんです。

カフェが大通りにあるのはいいことだと思っているんです。「精神障害」というと、まだどこか怖いというイメージがある方もいると思うんですが、いまは日本中で鬱や精神疾患が増えていて、心の病は決して特別なことじゃない。そういう苦労を持っているのは、人としてあたりまえのことです。苦労があるからこそ、人とつながったり仲間になれる。だから苦労は、大事な宝物だと思うんです。「差別しないで下さい」と叫ぶのではなく、あたりまえにいろんな人が暮らせる町づくりを、カフェという場を通じてやっていきたいと思っています。

＊1「べてる」という名前の由来は、旧約聖書にベテル（「神の家」の意味）という地名が登場することから名づけられた。

＊2　べてるでは、さまざまな苦労を抱えた精神障害を持つ人のことをメンバーと呼んでいる。

おススメ!

## カフェぶらぶらのオススメ「ランチのうどん」／「幻聴さんパフェ」

**亀井**：ランチではうどんとカレーを出しています。うどんはべてるの製麺室があって、仲間たちが作っています。すごくコシがあっておいしいので、よく注文が出ます。

**池松**：パフェの方は、べてるの仲間と相談して、「幻聴さん」もパフェにしちゃったらいいんじゃないかって（笑）。それでできたメニューです。味は普通のパフェなんですけど、幻聴さんというパックマンみたいなキャラクターがあって、その形のクッキーがついているんです。べてるのファンの方はたいてい食べていかれますね（笑）。

# 地域は子産み、子育ての拠点

矢島助産院院長・矢島床子

カフェスローの近くに、家族立ち会いをベースにした出産をサポートする矢島助産院がある。お母さんたちから「自然体で出産できる」と絶対的な信頼を得ているこの助産院の院長、矢島床子（66）はこれまで4000人以上の赤ちゃんを取り上げてきた。病院での出産が当たり前になったいま、心と体で感じる「本来のお産」を「フィーリング・バース」と名づけて、それを広めるために全国で講演も行っている彼女は、「子育ては地域から(*)」と熱っぽく語る。

## つらい思いをしているお母さんたちを支えたい

子育ては、子どもを産むところから始まります。そして、子どもを育てていくのはお母さん一人の力ではなく地域です。私は岐阜の山の中で生まれたから、地域というのがあったんだけど、そこではあたりまえすぎて気がつきませんでした。そのあと学生になって新婚生活までは東京で暮らしました。東京では全然地域が感じられなくて、子育ても孤独でつらかったですね。

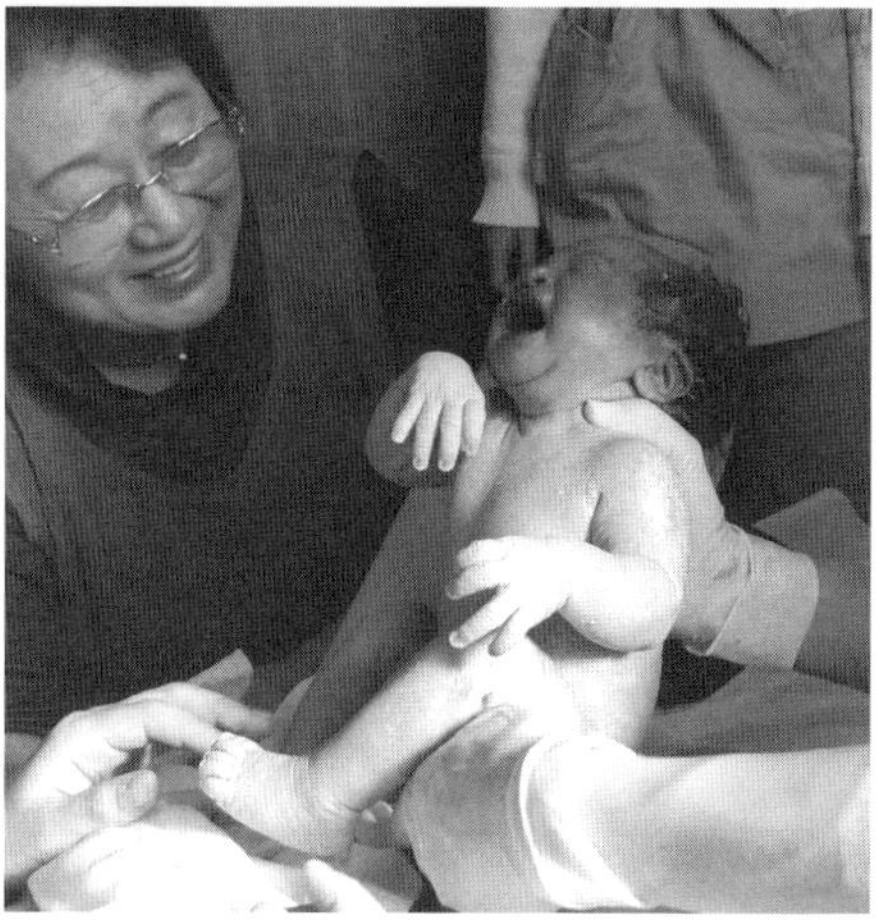

助産院を開業して、国分寺には1990年の4月に引っ越してきたのですが、そのすぐあとの6月に、すぐ近くに住んでいる人が育児ノイローゼになって、2人の子を道連れにマンションから飛び降りた、という記事を読んだんです。自分自身もつらい子育てをしてきたので、そんなふうに追い込まれているお母さんたちがたくさんいることにショックを受けました。わたしにとって、それが地域というものに目を向ける出発点になったんですね。

もっとこの助産院から発信して、子育てでつらい思いをしているお母さんたちを支えられるような場を作ろうって思いました。そのために出資を募って、助産院の近くにウィメンズサロンやファミリーサロンを作ってきたんです。子育てをしているお母さんが、コーヒー一杯を飲みたくても行く場所がない。ファミリーサロンは、そういう場所をお母さんたちに提供したいという思いで始めました。そういう意味ではカフェスローの理念ともつながるでしょうね。

今はそこでワークショップなんかもやっていますし、ほとんどボランティアでそういうことをやっていく中で、地域を「子産み、子育ての拠点」として意識するようになったんです。産むこととお母さんを支えることを目的にやってきて、今はこの地域で、すごくいい形ができてきていると思っています。

**母と子のサロン　矢島助産院**

東京都国分寺市東元町 1-38-32

TEL.042-326-2414　http://familysalon.net/

## バースセンターをつくるのが夢なんです

私はずっと、国分寺にバースセンターを作りたいという夢を持っています。産院に加えて、お母さんたちが相談できる場所や子どもを預けたりする場所、コーヒーを飲めるカフェとしての役割もある。整体だとかヘアカット、そして助産師や医者を育てる教育センターもそろっている場所です。わたしは医学は教えられませんけど、どうやって女性たちが産んでいるのかをお医者さんにもきちんとわかってほしいんです。だんなさんが産科医なのに、この助産院に産みに来る女性が何人もいるということが、今の医療では女性たちのニーズに応えられていないことを示していると思います。

助産院では、簡単に切って産まない、ということを大切にしています。性器は女性にとっても男性にとっても一生付き合っていくすごく大事なところです。だから、できれば産むために外科的なことをしない方がいい。でも近代医療では、分娩台の上で足を広げて、簡単に切って出すようなことが行われています。女性はお産の過程で、体のホルモンバランスが変わって「お母さん」になっていきます。それを切って出してしまっては、命は助かっても、「女」という部分は見えなくなってしまう。今は、子どもは病院で生まれるものだと思われていますが、出産は医者が管理するものでも、病気でもないんだということを伝えたいですね。

こういうものが私の理想のセンターなんですけど、1ヵ所でこういったことをできる場所がないから、ひとつずつ作ってきたという感じです。うちに産みに来る人は、これまでも沖縄から北海道までたくさんいます。バースセンターができて、全国からもっとお産に来る人が増えれば、ここを中心に地域が豊かになっていくんじゃないかって、そんな風にも思うんです。

地域にカフェスローのようなカフェがあるのは大切です。あそこを利用する人たちが助産院で出産するようになったり、うちで子どもを産んだ人がカフェに行ったりしていますね。わたしも時々行くけれど、ふと行ったとき、ホッとするものがあるんです。

あそこのように、赤ちゃんを連れたお母さんが入れるカフェはほとんどありません。逆に子どもは邪魔扱いされる所が多い。ドリンクこぼしちゃったり、おしっこしたり…そういうことも子どもが育っていくうえで仕方のないことなんですけど。それにどれだけ寛容に周りが見ていけるかが、地域の力なのかなと思っています。カフェスローに注文があるとしたら、奥まっているせいか初めての人がちょっと入りづらい感じもします。もっとお母さんがエプロンをかけたまま気軽に行けるような工夫をしてほしいですね。

いま、震災と原発事故があって、命に向き合うことの大切さが問われています。子どもたちの未来のために、いま生きていることを大切にする社会を一緒につくっていきたいですね。

＊2009年、著書の『フィーリング・バース』（自然食通信社）の出版記念イベントをカフェスローで催した。

# コミュニティの中で育つ「子ども」そして「カフェスロー」

## 国際モンテッソーリ協会元理事／保育環境アドバイザー・深津高子

女性や子どもの視点から、カフェスローを暖かく見守ってきた人がいる。深津高子（57）は、「モンテッソーリ[＊]」という幼児教育の専門家だ。貧しい人々のために何かしたいと考え、海外救援ボランティアやＮＧＯの世界に飛び込んだ彼女が、幼児教育に目覚めていった理由について聞いた。

### 「平和は子どもから始まる」

「平和は子どもから始まる」。20代のとき難民キャンプの保育園で聞いたこの言葉が、私の人生を変えました。

１９８０年代前半、私は東北タイに住み、緊急援助のＮＧＯでラオスやカンボジア難民の救援をしていました。でも、難民キャンプで物を配り続けると、人々が配給に依存して自立できなくなってしまう様子を見て、いつまでも継続する物資援助の在り方に問題を感じていきました。その頃、カンボジア難民の子どもたちがいた「希望の家」という保育園にキャンプ内で出会いました。そこでモンテッソーリ教育をしていた先生から、「平和をつくるのは子どもたちよ」と言われたんです。それまで、国連やユニセフといった国際機関が世界を変えていけると思い、そういう組織で働くことが平和構築に至る道だと思っていた私にとって、まさか！　という答えでした。幼い子どもたちにそんなことができるのか、彼女の言った意味がすぐにはわかりませんでした。でもその言葉は、その後もずっと自分の頭の中で渦巻いていました。

３年後、私は幼児教育を学ぶために日本へ戻りました。本当に子どもから平和をつくれるかどうかこれに賭けてみようって思ったからです。はじめは、モンテッソーリ教師の国際免許を取ったら、すぐに難民キャンプに戻ろうと考えていました。でもまわりから、「極限状態ではない普通の子どものことを知ってから行ったほうがいい」と言われ、地元、府中のモンテッソーリ教育をやっていた幼稚園で先生をやったんです。１年だけやろうと思っていたらあまりにも楽しくなって、10年以上いました。その過程で、本当に「平和は子どもから始まる」ことを実感することができました。

ここで育った平和な心を持った子どもたちが、いまでも府中に住み、徐々に府中の町を変えていっています。共に育った親同士や子ども同士のつながりもあり、その関係がコミュニティを良くし、変える力になっていく様子がよくわかったんですね。これこそ「足元から始まる平和づくり」なんだなと思いました。

カンボジアのように恐怖政治の中にいた子どもたちは、安心できる環境で、人を信頼する経験が少ないのです。大人たちが傷つけあっている姿を見て育ち、多くの子どもはそれを真似するようになってしまいました。残念ながら、人生の最初に人間の醜い面をたくさん見てしまった子どもたちは、どこかで平和な人間関係を体験する必要があるんですね。

子どもは、植物の種と一緒です。成長に必要なものはすでに種の中にすべて詰まっている。6歳までは、芽が出る前の土の中にいる状態です。直接種を操作できないけれど、その種の周りの土や環境を整えることで、人間もより人間らしく生きることができるはずです。今の教育は、どうやったらもっとお金を稼げるかといった経済中心の教育です。そうではなく、自然にのびゆく生命が育つ手伝いをすることが平和につながるんだと信じて取り組んでいます。

## 女性や子どもの視点でのカフェづくり

カフェスローができる頃、私はモンテッソーリ教育で忙しくて準備には関われませんでした。連れ合いの吉岡はユネスコで世界遺産が専門だったのに、突然コーヒー屋をやると言い出したので「何で?」という驚きはありました。でもカフェを地元の府中につくると聞いて、嬉しかったのは確かです。地元から平和が始まるという考えが、私の生き方とリンクしたからですね。

開店してしばらくは、お客さんが来なくて閑古鳥が鳴く状況だったので、子どもを持つお母さんの視点からアドバイスをしました。吉岡も含めて多くの男性は、「おいしい無農薬コーヒー

吉岡淳（左）と深津高子（右）
ナマケモノ倶楽部のアンペアダウンキャンペーンに参加。

さえあれば客さんが来る」と信じていたようで、最初はメニューもほとんどコーヒーだけだったんです。女性は甘いものがないと来てくれません。その女性がおいしいと思ったら、次に友達やボーイフレンドを連れて来ます。それでスイーツをつくることになりました。どうせならカフェスローらしいスイーツをということで、「おからケーキ」を提案したんです。

食事のメニューについても、私は各地の保育園のアドバイザーをしていたので、給食がおいしいと評判の保育園があれば、そこからレシピをもらってどんどん参考にしました。最初の頃、出していた「豆カレーゆっくり煮」は、その一例です。そうしているうちにだんだんとメニューも増えました。

カフェに赤ちゃんや小さい子どもが来店するようになったときは、どう接したらいいかをスタッフに向けてオリエンテーションをしました。テーブルとかイスとか、世の中のものはほとんどが大人のサイズでできています。それを子どもサイズにすると、子どもはウェルカムされた気持ちになります。その大切さを伝えました。反対に店内で走り回っているのに、誰も注意しないのはよくないということも言いました。子どもには自由があるけど制限もある。そのことを怒るのではなくて、きちんと伝えてあげられる大人にスタッフもなればいいなと思いました。

カフェスローも、子どもと同じようにだんだんと成長してきました。これからはもっとコミュニティに根ざした形で、近隣の人が気軽に入ってこれるような場所になっていったらいいと思います。

私は、各市町村の保育園にカフェスローのような場所を併設したら地域全体の子育てをする楽しさ、大切さが伝わりやすくなると思うんです。カフェスローがそういうモデルになっていったらいいですね。

＊モンテッソーリ教育
科学者マリア・モンテッソーリ（伊１８７０～１９５２）が乳幼児を観察し、彼らから学んだ「生命の育つ邪魔をしない教育」。現在、世界7大陸で実践されている。

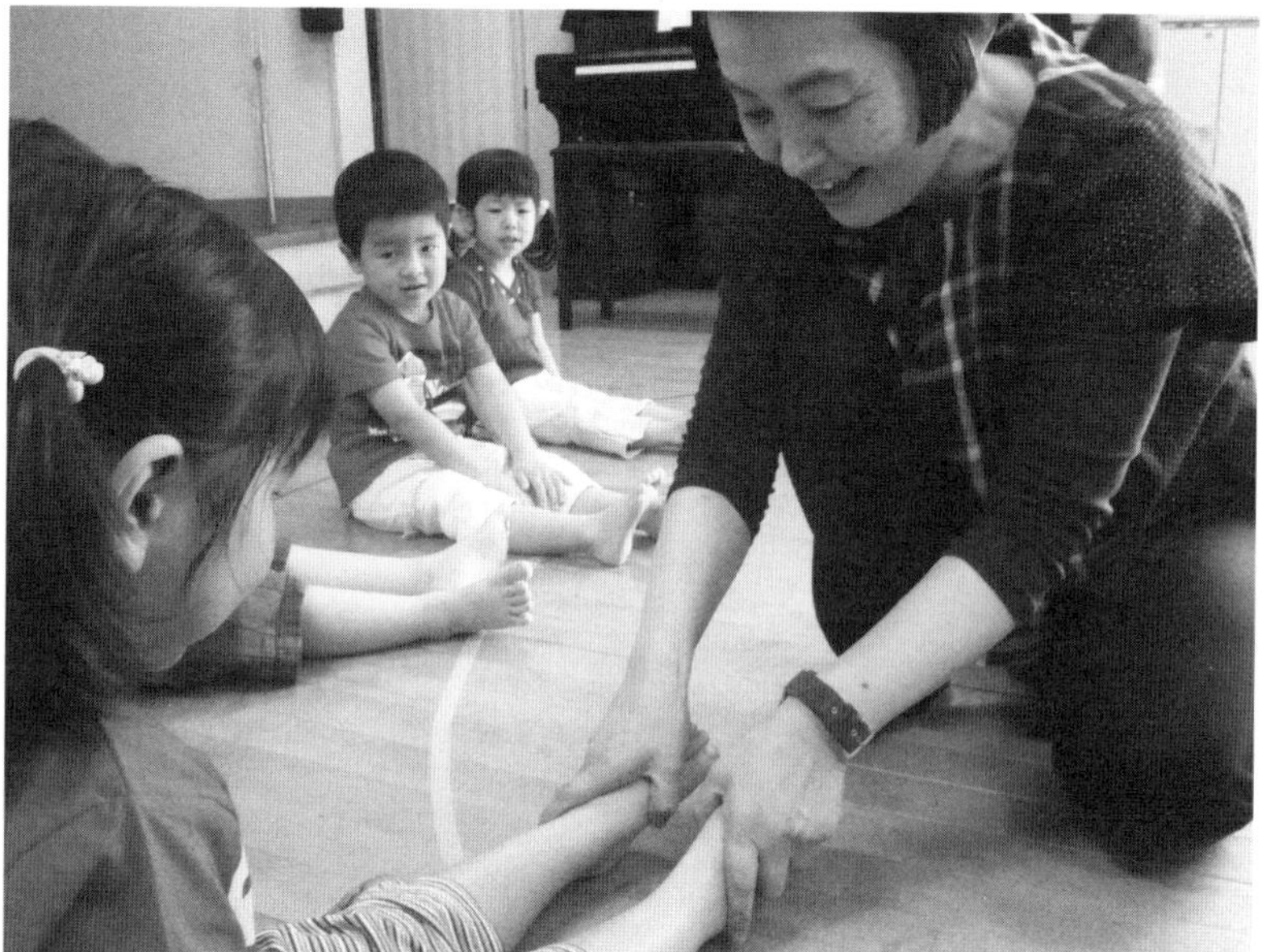

# お母さんの視点から伝えていくことの大切さ

**NPO自然育児友の会代表・内田淳子**

「NPO法人自然育児友の会」（以下、友の会）は、自然なお産や母乳育児などについての知恵を、母から母へと伝えあう活動をしているグループだ。その事務局がカフェスローに入ったのは2006年。それ以来、お母さんたちがカフェスローに子どもをより安心して連れて来られるようになったという。事務局の畳のスペースは、オムツ替えや授乳室として利用することもできる。友の会を切り盛りしてきた代表理事の内田淳子に、これまでの歩みや、震災以降の役割の変化について聞いた。

## 毎日、ご飯をつくる人の話が聞きたい

友の会は、自然な育児をめざすお母さんたちの小さなサークルとして1983年に始まりました。母乳育児や自然なお産をするための知恵をお母さん同志で伝え合ってきました。母乳育児は、哺乳類なのだから自然にできることのように思われるかもしれないですが、うまくいかないと一人で悩んでいるお母さんたちがたくさんいます。子育ての情報や便利な子育てグッ

ズが山とある時代なんですけどね。同じような経験をしたちょっとだけ先輩のママとおしゃべりをして、いろいろな経験や知識を共有することで、自分にあった子育てをできるようにサポートするのが、友の会がめざしている所です。

会報を発行しながら、親子で参加できる合宿や、わらべうたやおむつなし育児、手しごとのワークショップなどいろいろな企画もここで行っています。子育てについて専門家から教えてもらうというよりも、お母さんの視点を大切にして、それぞれの体験を直接伝えあっていくことを大事にしていきたいと考えています。会報をつくる際に、母乳や自然な育児が大切なテーマであることはもちろんですが、「毎日、ご飯をつくっている人の話」を聞きたいし伝えたい。最近は、そこをいちばん意識しながらつくっています。

私自身はこの仕事をする前は、映像プロダクションで海外のドキュメンタリーなどを製作していました。子どもができたときはすでに30代後半でした。助産婦の矢島さん（98P）が国分寺で開業なさっていたのを知り、そこで出産しました。お産自体は、とても幸せな経験だったのですが、働きながらの母乳育児はなかなか大変でした。そんなとき自然育児の会に出会いました。会で知る育児や食事の基本は、独特だったけれど、実践すると納得できるものが多く、それをもっと多くの人に伝えたいなとボランティアで関わることにしました。まさかこんなに中心になるは思いませんでしたけど（笑）。

## いろいろなものがゆるやかにつながっていることが感じられる

カフェスローの吉岡さんとは、藤野町で「スローマザーギャザリング」という宿泊型のイベントを企画したときにサヨコちゃん（１１２P）の紹介で出会いました。そのときカフェスローに空いている場所があると誘われて、２００６年から事務所を置くことにしました。

お母さんたちが気軽に集まれる拠点がほしいと思っていたので、和室もキッチンもあって移転して本当によかったなぁと思っていたんですけど、幸せもつかの間というか、一年余りでカフェスロー自体が立ち退くことになり、「えーっ！」となって…。それからがバタバタでしたね。府中にも拠点を残したので少人数で同時に2箇所を運営しなくてはいけなくなって大変でした。結果的には駅から近くなって、ベビーカーで来るのも楽になり、よかったんですけど。

友の会がカフェスローの中にあることには私たちにも大きな意味があって、おかげでいろいろなものがゆるやかにつながっているということを、自然と感じることができる場になったと思います。母乳とかおむつとか子育てのことだけではなくて、食べ物とか暮らし、生き方について今のままでいいの？　と見直す空気が、あたりまえのこととしてここにはあるんですね。

## いのちのための こどもみらい測定所、そして memoli のこと

２０１１年11月に、カフェスローの入り口にあるビルの一階に、新しいお店「memoli」（メモリ）を仲間たちとオープンしました。memoli は、「mesurering mothering for life」の頭文字からつけました。memoli には、自然な育児を楽しむママの視点で選んだ育児用品やエコ雑貨、里山に暮らすアーティストたちの作品などが並ぶお店「マザリングマーケット」と、主に食品の放射能を計測する市民放射能測定所「こどもみらい測定所」が共存しています。

震災と原発事故が起きたとき、私たちの仲間は、本当のことを知らなくては知らせなくてはと、小さな子どもたちを放射能から守るための活動を次々とはじめました。原発事故から三か月ほどたった頃、別々に活動していた色々なグループが集まって、お母さんたちの不安な思いや活動を共有して、行動につなげていくための「子どもたちを放射能から守る全国ネットワーク」を立ち上げました。

その活動がどんどんと広がっていくうちに、市民が運営する食品の放射能測定所をつくろうという声が大きくなり、「子どもたちを放射能から守る全国ネットワーク」と「アースデイ東京」に集まった寄付の中から、ベラルーシ製の測定器を２台購入し、「こどもみらい測定所」がスタートすることになりました。

これから何十年もつきあっていかなくてはいけなくなってしまった食品の放射能汚染の問題。まだまだなじみのないそんな事柄について計測と啓蒙活動を行う「こどもみらい測定所」を地域の市民測定所として根付かせる場が、memoli です。食品の測定に来た人が、アーティストの雑貨を楽しんで見ていたり、布おむつを買いにきたひとが、放射能について質問をしていったりと、とてもユニークな場所になっています。

日々の暮らしを楽しみながら、いのちを守るための知恵も伝えあう、そんな場づくりの一歩を始めることができ感謝しています。

顧問の小児科医、真弓定夫先生によるお話会

# 親子が一緒に楽しめる場をつくりたい

## ミュージシャン・SAYOKO

カフェスローでは1年の最後の営業日に、恒例のライブが行われている。ライブの最前列には、リズムに合わせて手をたたく子どもたちが陣取る。店に入りきれないほど集まった観客の熱い視線の先で歌っているのは、10代から女性ロックバンド「ゼルダ」のボーカルとして活躍してきた、ミュージシャンのSAYOKOだ。彼女のライブではいつも、子連れの家族が安心して楽しめる工夫がされている。

### なにココ!?　面白そう!

音楽業界に入ったのは中学生のときです。当時は歌いたいというより、どこにぶつけたらいいかわからない自分の思いを、詩にして叫びたいという気持ちでした。同世代の多くの人たちが、その思いに共感してくれました。その後、ジャマイカやイギリスでも音楽活動をして、いろんな刺激を受けましたね。

でも外国から帰国したあと、長年関わった音楽業界を離れることになったんです。バンドからソロになって、ライブよりも売り上げや営業が優先されてきて、自分には合わない、と思いました。

そのあと子どもを産んでからしばらくは、子育てに夢中になりました。人の命がどのようにつくられて、どのように成長していくのかが本当に神秘的だと思いました。地域に目を向けるようになったのは、出産して国分寺に引っ越してからです。私は銀座生まれなので、まさに都会という所で育ってきましたが、このあたりは東京でも緑が多くて、子育てにもいいなと感じました。

雑誌でカフェスローのことを知って、地域にこんなお店があるんだと思っていってみたら、入り口が珪藻土で囲まれた不思議な場所なので、「なにココ!? 面白そう!」って興味しんしんになりました。

その頃から、あらたに音楽活動もはじめていたので、お茶を飲んだあと「ここでライブやってみたいんです」と吉岡さんに話したんです。当時のカフェスローはまだ開店したばかりで、本格的なライブはあまりやっていないようでした。だから「うちで大丈夫なんですか?」というような反応でしたね(笑)。集客とか音質のこととか心配だったんだと思います。

でも2001年の末に初めてやったライブ当日は、近所の知り合いも来てくれて、すごく楽しめました。

## みんなつながって生きている

それからは、こうしたイベントでできた新しいつながりを活かして、地域でイベントをやるようになりました。当時、私は自分の経験から、子育てをしているお母さんと子どもが一緒に楽しめるライブがほとんどないと感じていたので、そういうものをやりたいと思いました。それでライブイベントを昼間にやり、会場ではリラックスするために休憩所を用意したり、ゴザを敷いて最初から寝転んでもらったんです。

中でもいちばん印象的だったのが、2006年の年末にやった「スローマザーギャザリング」という、お母さんと子どもたちが泊りがけで参加するイベントでした。神奈川県の旧藤野町という所で、カフェスローや私も会員だった「自然育児友の会」とも共同でやったんです。ライブはもちろんですが、お母さんたちが出した手作りの製品を扱うお店も充実して盛り上がりました。

とても喜んでもらえましたが、100人もの人が宿泊する規模の大きなイベントだったので、準備も含めてすっごく大変で。だから第二回はまだ開催できていないんです（笑）。その後、自然育児友の会はカフェスローの中に入ったので、私の中ではいろいろな所で築いてきたネットワークが、一つにつながったという感じがします。

## メッセンジャーからジッセンジャーへ

この10年くらい、私は全国を回りながら、手作りのツアーをしてきました。当初は「Ａｐｅ（エイプ）」というグループで、今は「サヨコオトナラ」というグループがベースになっていますが、基本的なやり方は変わっていません。自分たちでブッキングして、ＣＤ作って、宿も民泊させてもらって、地域の方を集めた手作りのコンサートをするというやり方です。

お金や物質に頼らないネットワークができています。おかげで日本中に家族ができたような感じですね。東京の拠点はカフェスローで、毎年、年末にはライブをさせてもらっています。最近では各地にカフェスローと共鳴できるようなカフェができているので、そういうところでライブをやる機会が増えてきたのも嬉しいです。

ライブは、ライブハウスでもやっています。もちろん、カフェよりずっと音は良いんですけど、たいていは地下にあって、タバコの煙がもうもうとして、食べ物もジャンクフードばかり。とてもお母さんと子どもを呼べるような環境ではありません。最近はライブのとき禁煙にしたり、良い食事を出すような場所も出てきたので、少しずつ変わってきていると思いますが。

そういう意味でも、私はカフェスローが大事にしているコンセプトが、これからもっと大事になってくるだろうと思っています。子どもを育てるとか、食べ物を育てるということの大切さをみんなで共有するために、私もメッセンジャーとしてだけでなくて、実践するジッセンジャーとなって共同創造をしていきたいですね。

カフェスローで毎年末に開催される「望年会ライブ」。2011年のライブは、SAYOKOとレゲエバンドスタイルのミュージシャンたちが演奏した。

# スローをキーワードに、ムーブメントを広げてきた場所

## ナマケモノ倶楽部事務局長・馬場直子

カフェスローは、環境・文化ＮＧＯナマケモノ倶楽部の活動の中から生まれたスロービジネスの一つだ。ナマケモノ倶楽部の発足以来、ずっと事務局長をつとめてきた馬場直子（39）は、カフェスローとともにスローなムーブメントをつくりあげてきたメンバーの一人でもある。

### 環境と文化とビジネスをつなげるＮＧＯって？

私はナマクラ（ナマケモノ倶楽部の略称）をやる前は、都内のホテルで働きながら、先住民族のＮＧＯに関わっていました。大学で辻信一さんのゼミに参加して、関心を持ったことがきっかけです。卒論では、アイヌ民族の聖地といわれている二風谷《にぶたに》ですすめられていたダム問題を取り上げ、システムとしての和人社会を考察しました。

卒業してからも辻さんと連絡をとっていたことが縁で、１９９９年5月に、辻さんと中村隆市さんから、環境と文化とビジネスという3つをつなげたＮＧＯを立ち上げようと思っている、

一緒にやろうよ！　と誘われました。二人ともエクアドルへのスタディツアーに行ってきたばかりで、キラキラした目で、ナマケモノという動物がいかに美しくてエコな動物か、ナマケモノ倶楽部の愛称は「ナマクラ」で、若い人が関わっていくビジネスを展開するんだ…、など次々と湧き出るアイデアの泉のような感じでした。

私は先住民族の権利回復運動に関わる中で、効率重視の経済のために環境破壊が引き起こされ、それによって貴重な文化も消し去られていくという構造を見てきました。そのため環境と文化、ビジネスの関係性をいいものにしていく、という視点にひかれました。それで、ナマクラの発足のミーティングから参加したわけです。

発足したといっても、ゼロからのスタートです。学生や社会人のメンバーたちと仕事帰りに喫茶店などに集まり、会費をいくらにしようとか、リーフレットをどういうデザインにするかとか、どうやって活動をみんなに知らせたらいいのかと、みんなでワイワイ活動をはじめました。そのうち、事務局が必要だよね、ということで、ＮＧＯでのボランティア経験が長い私が打診されました。

それまでは自分が関わっていたＮＧＯが、財政面で厳しかったこともあって、自分の生計を立てる手段（仕事）と、ボランティアで関わるＮＧＯとは別というスタンスでした。だから、自分がＮＧＯで働くというイメージはなかったんです。でも、そのときは、すでにナマケモノ倶楽部にはまっていて、深く考えず喜んで引き受けたことを覚えています。

私自身、ナマクラに関わったことでたくさんの気づきがもらえました。ナマクラはカフェスローよりも一足先の1999年にできたので、2009年に10周年を迎えています。私も10年以上ナマケモノ倶楽部に、そして事務局スタッフとして関わっていることになります。ずっとワクワクの進行形でスロームーブメントに参加してきたので、振り返ったことがなかったですね。たしかに仕事量が多くて大変なときもあるけれど、基本的に楽しいし、個人として気になるテーマに仕事として関わらせていただいていることに、とても感謝しています。若い頃は楽しすぎて仕事に没頭しすぎる傾向がありましたが、2005年に出産をしてからは、子どもがブレーキ役になってくれているのかも。夜更かしが少なくなりました。

## 一緒にライフスタイルのあり方を発信していきたい

ナマクラの運動の中からいくつかのビジネスが生まれました。まずエクアドルのコーヒーを焙煎して売る会社をつくりたいという話になって、小澤くん（128P）たちがスロー社を立ち上げました。そしてそれを飲んだり人が集う場が欲しいとなって、カフェスローをつくることになったんです。だからナマクラに関わった人がいろんなアイデアを出しました。ストローベイルを積んだり、土壁を塗る作業も、ナマクラの会員さんや辻さんのゼミ生が大勢参加したんです。最初のカフェスローがオープンした年の秋、9・11事件の直後だったにも関わらず、エクアドルからマリンバ舞踊団や環境リーダーを呼んでイベントをしたことは印象深いですね。エクアドルの人がいて、インタグのコーヒーを振舞って、人が集まれる場所ができたというのがすごく嬉しかったです。

カフェスローは、ナマクラが運動としてやりたいことを実現する場所として生まれました。挙げればきりがありませんが、例えば、2003年にイラクに自衛隊が派遣された際には、「ジャパン・アズ・ナンバー9」というキャンペーンを展開しました。憲法9条の理念を大切にしようというものです。

そのキャンペーンの一環で、9条の条文を日本語・英語・韓国語に訳して、9という数字に並べたTシャツをつくったんです。そのTシャツは評判を

2012年：アースデイ東京のブースにて（右、アンニャ・ライト）

呼んで、メディアでも取り上げられました。そのシャツをカフェスローに置いていると、普段はキャンペーンに興味がない人たちも面白がってくれて、広まっていきました。

カフェスローが国分寺に移転してからは、以前ほどナマクラが主催するイベントの数は多くはなくなりました。それでもいいんじゃないかと思えるのは、カフェスロー自体の認知度が上がり、NGOとは異なった「スローカフェ」として、スロー運動のメッセージを外に発信する役割を担ってくれていると思うからです。これからもナマケモノグループ全体で、スローをキーワードにしたライフスタイルのあり方を発信していけたらいいと思っています。

おススメ!

## 馬場直子のオススメWEBサイト 「SLOW ムーブメント」

「SLOW ムーブメント」というWEBサイトを、ナマケモノグループが共同で作っています。カフェスローも含めて新しい動きや様々なメッセージを掲載しているので、ぜひ一度のぞいてみてくださいね。http://slowmovement.jp/

# よし、カフェスローからツアーを出そう！

## カフェスロースタッフ・渡邉由里佳

2児の母親。広報、事務などの裏方全般をこなす渡邉由里佳（37）は、カフェスローのオープン時から働いている唯一のスタッフだ。休みの日には、家族連れでお客としてもよくこのカフェを訪れる渡邉は、「ここを誰もがホッとできる、みんなのお母さんのような場所にしていきたい」と話す。そんな彼女の原点は、大学時代に訪れた南米・エクアドルへの旅だった。

### お母さんたちがホッとできる場所に

私、恵まれてるなあと思うんです。カフェスローには「自然育児友の会」もあるし、近所には私も出産した矢島助産院もある。何かあればすぐに相談できるし、何より内田さん（107P）のように、子育てしながら働いているお母さんのお手本がいるというのは大きいですね。カフェスローを通して、そういう素敵な人とめぐり合えるのはラッキーだなって思います。

小さな子どもを持つお母さんは、どこかにお出かけするとき泣いたらどうしようっていつも心配なんです。思い切って行っても、やっぱり来なきゃよかったと思う時もあります。それで結局ファミレスに行ったりするんですけど、そういう場所って、空間が冷たいんですよね。カフェスローは決して「子どものための場所」というわけではありませんが、子連れで来たときにちょっとした気遣いができる場でありたいなと思っています。子育てしているお母さんって、誰かに優しくされると頑張れる。だからそういうお母さんをそっと応援できるように、美味しくてちゃんとしたものが食べられる、ホッとできる場所にしていきたいですね。

## 価値観が洗われたエクアドル

私の転機になったのは、大学4年のときに訪れた、エクアドルへの旅でした。大学で辻信一さんのゼミを取っていて、先住民族の暮らしやエコツーリズムなどに興味を持つようになりました。辻さんから、ツアーのお誘いを受けたとき、飛びつくように参加したんです。

ツアー(*)では、豊かな森が息づくインタグ地方を訪れました。最も印象に残っているのは、豊かな森を守るために行動している人たちの生き方です。この地域

では鉱山開発が進められていて、そのため森林が減少しています。開発に反対する地域の人は、単に反対するのではなく、森の生態系を壊すことのない方法でコーヒー栽培をして、きれいな自然を子どもたちに残す努力をしていました。お金を稼ぐ方法は資源を掘って売るだけじゃないんだと示そう、というわけです。

彼らは大事にしたいものが自分の中に明確にあって、その想像力と意志の固さに、すごい人たちだなと思いました。価値観を洗われる体験でしたね。

私は大学を卒業して、自分が衝撃を受けたものを多くの人に伝えたいと思い、旅行会社に就職しました。エコツアーをつくりたいと思って始めたんですが、仕事は体育会系で厳しく、とにかく消費文化の中心みたいな仕事だったので、心身ともに磨り減ってしまって…そこでもう一回エクアドルに行って、自分は何がしたいのかを客観的に考えたいと思いました。

退職してしばらくエクアドルに行って、ホームステイをしたり、知り合いの村でのんびり過ごしました。鉱山開発に反対する人々は、エコツアーをはじめたり、サイザル麻を使った商品を開発するなど、新しい分野にもチャレンジしていました。再訪して、やっぱりいいなぁとか、あんなツアーをもう一回出したいなって思ったんです。

帰国間際、吉岡さんから連絡がありました。「ナマケモノ倶楽部でカフェをつくるからやらない？」って誘われたんです。私が「ツアーをつくりたいんです」と言ったら、「カフェスローには文化を発信していく『インフォカフェ』というコンセプトがあるから、ここからツアーを出せばいいじゃない?」と言われました。
もともと人の出会える場所をつくりたかったこともあったので、「よし、カフェスローからツアーを出そう!」と思って、働くことにしたんです。

## 「みんなの思い」で育ててきた場所

そうは言っても、開店したばかりのお店は大変で、ツアーどころではありませんでした。飲食店経験者がいたわけではなく、メニューはしばらくエクアドルのコーヒーとピザだけ。反面、お店をつくるのに関わってくれたさまざまな人の思いが強すぎて、意見がまとまらずに困りました。でも、カフェスローにやって来てくれるいろいろな人が、みんなこの場所を面白がってくれるんです。その人たちがサポートしてくれたり、イベントをしたりして、ここの可能性を引き出してくれたのかなと思っています。

はじめの何年かは、試行錯誤の連続でした。やれるものはその日からどんどん取り入れていきましたよ。忙しすぎて、体調を崩したこともありました。それでも、ここが好きだったから辞めたいと思ったことは一度もないですね。ここは手間ひまかけて、もっと良くしていきたいと思える場所なんです。いろんな人たちが支えてくれたこともあったし、エクアドルとつながっているんだという思いもありました。いま振り返ると、カフェスローという場を「みんなの思い」で育ててきたんだなぁと感じています。

エクアドルへのツアーが実現したのは、開店した翌年の秋でした。主催はナマケモノ倶楽部でしたが、私がツアーの企画とアテンドを担当しました。そのため、お店は1ヵ月ほど休まなければいけませんでした。お店には迷惑をかけるけど、みんな温かく送り出してくれたし、その替わりに何かを店に持って帰ろうと思いました。

ツアーは2002年から4年間、毎年1～2回実施して、すべてにアテンドしました。説明会や帰国後のイベントもカフェスローでやりました。またエクアドルに行けたことが何より嬉しかったです。そのツアーにはスロー社の小澤くんや、店長になる前の間宮さんも参加するなど、のちのムーブメントを担う人たちがつながるきっかけにもなりました。エクアドルへは、子どもが生まれてからは行けていませんが、そのうちまたツアーを出したいですね。こんどはカフェスローの新しいスタッフにも行ってもらって、お店で出しているコーヒーの生産者さんとの絆を深めてほしいと思っています。

おススメ!

## 渡邉由里佳のオススメ
## 「エクアドル・インタグコーヒー」

こだわりの一品は、何と言ってもエクアドルのインタグコーヒーです。私は、このコーヒーがなければ、カフェスローにはいませんでしたから。カフェスロー自体もこのコーヒーを売るためにできたお店ですしね。有機栽培で森を守り森をつくるという素敵なコンセプトの上に、つくっている人たちの思いがたっぷりつまっているんです。私はすごく忙しくて疲れている時でも、このコーヒーを淹れるとき、あぁエクアドルとつながっているんだなぁと思って支えられたことが何度もありました。

*このツアーには環境活動家のアンニャ・ライトや、ウインドファームの中村隆市が参加していて、これがきっかけでナマケモノ倶楽部が発足することになった。

# 「素人目線」でフェアトレードを広めたい

## 有限会社スロー代表／ナマケモノ倶楽部共同代表・小澤陽祐

ナマケモノ倶楽部が２０００年にはじめて立ち上げた会社、それがコーヒーを焙煎して卸すスロー社だ。その代表をつとめる「ＯＪＡ」こと小澤陽祐（35）は、カフェスローのことを「ともに厳しい時代を乗り越えてきた同志のよう」と感じている。彼は、ヒップホップ好きがきっかけで、アメリカの黒人文化に詳しい辻信一と出会った。そこから何も知らない若者が商売を始めたのだが…。

### 商売がどういうものか、まったくわかっていませんでしたね

スロー社をやるきっかけですか？　ミーティングで「やります」って手を挙げたのはいいけど、何にもわかってなかったですね（笑）。大学を卒業してやりたい仕事も見つからず、フリーターをしていました。それで知り合いだった辻さんから、こんど面白い団体を立ち上げるから、ミーティングに来ない？　って誘われたから行ってみたんです。それがナマケモノ倶楽部の発足の会でした。ミーティングではエクアドルなどからフェアトレードでコーヒーを仕入れ、焙煎

エクアドルの生産者、カルロスソリージャさんを迎えて

して卸す会社を立ち上げるという話になりました。若者に中心になってほしいとのことだったので、「おっ、面白そうじゃん」と思って、ぼくを含めて20代前半の3人でやることになりました。

それまでの自分は、食べる物には無関心で、カップラーメンもマックも好物だったし、缶コーヒーをよく「うまい、うまい！」って飲んでいました。だから当初はコーヒーの味の違いなんて、わかるわけありません。

ただ、辻さんたちから環境問題の話を聞いて、今までなんとなくおかしいなと思っていたことが、なぜそうなのかという理由がわかってきたという感じでした。例えばデパートなどが冬に暑いほど暖房かかかっているのにはずっと違和感があったんです。それで急に環境志向とか、食べ物もオーガニックになったんだけど、自分でうまく説明できるほどではないので、周囲に理解してもらえませんでした。カップラーメンを食べている友人に「それは体に悪いんだぜ！」って注意したら、逆に「オレのつかの間の喜びにケチつけるな！」って怒られたこともあります（笑）。伝え方って大事なんだなって実感しました。

とにかく素人でしたから、自分たちなりに勉強してコーヒーの焙煎をするんですが、3人とも仕上がりが違ってるような状態でした。だからイベントで出店しても、反応もあまりよくないですね。設立当初は、「若者が立ち上げたフェアトレードコーヒーの会社」としてちょっと話題にもなったんですが、

**スローコーヒー八柱店**

千葉県松戸市日暮 6-60 B-one（ビーワン）2F　TEL.047-703-9700

 ● Web ショップ http://slowcoffee.shop-pro.jp/ ●直営カフェ http://slowslowslow.sblo.jp/

すぐに関心は冷めていきました。

オーガニック食品を扱っている方に焙煎の様子を見てもらったこともあります。きちんとしたものであれば取引きしてもらえるという話だったんですが、「ダメだ、こりゃっ!」て言われて、それっきりでした。取り組む姿勢がなっていなかったんです。さすがにこのままじゃダメだって、意識が変わりました。本気でみんなに認められるものをつくろうと、味にこだわるようになりましたね。煎ったコーヒー豆を試飲して、また煎っての繰り返しで、3年かかってやっと本当に「うまい!」と言える味を出せるようになりました。

味だけは良くなったんですけど、営業の方がさっぱりでした。商売の基本がわからなかったので、6年やっても食べていけず、バイトで生計を立てている状態が続いていたんです。設立メンバーの仲間はやめてしまって、自分一人になったときは本当に孤独でしたね。何でこんなことやってるのかなって…。でもやめようとは思いませんでした。やっとコーヒーの味も認めてもらえるようになったし、ここでやめたら今までお世話になった人たちに何も返せなくなってしまうという思いがあったからです。

それで商売として成り立たせる仕組みを、必死になって考えました。新しいスタッフを募って、少ない人数でも仕事が回るように効率化も図りました。あとは2008年あたりからオーガニックやフェアトレードがだいぶ広まってきたことも追い風になりましたね。その頃から、問い合わせや取引先を紹介いただく事も増えて、売り上げが伸びていきました。

## フェアなのはあたりまえの世の中に

そんな中、２００９年に千葉県松戸市にカフェをオープンすることになりました。やっているぼくらの思いは、まだまだ取引が少ないフェアトレードコーヒーを一般化して、市場を確立したいというものがあるんです。でも卸売りだけでは、どこかのお店を通しての間接的なメッセージになってしまう。伝えたいことを直接伝えるためには、そのための場が必要だと思いました。店を出す時は、吉岡さんにもアドバイスをもらいました。

お店を出してからは、卸しと両方をやっているのですごく大変です。でも、以前の何もわからなかった大変さとは、全然質が違いますね。カフェを出してから2年がたって、お客さんの反応も良く、手ごたえも出てきています。

それからカフェという場ができたので、イベントもやりやすくなりました。この地域のオーガニックカフェやまちづくりをやっている人たちとネットワークをつくって、「グリーンドリンクス松戸」という「自給をテーマにしたエコな飲み会」もやっています。その飲み会では、塩麹をつくったり、学んだことを自分たちの生活に落とし込む活動をしているんです。この辺りにはまだまだ使われていない畑もある。つくれる食べ物は、どんどん自分たちでつくっていきたいと思っています。

フェアトレードへのこだわりですか？　これからはフェアなのはあたりまえの世の中にしていきたいです。まだまだアンフェアが多すぎる。

最近は大企業もフェアトレードコーヒーをやるところが増えてきました。それはいいことなんです。でも大きな所はＣＳＲ（企業の社会的責任）とか、形だけやっているところも多いので、リアルなものは難しいんじゃないかな。

だから、たとえいろんな大企業がフェアトレードを始めたとしても、ぼくらがつぶれてしまう心配はしてません。ぼくらには、小規模だからこそ突き詰めてやれるという強みがあるからです。

スロー社は、規模を大きくしたり、有名になることを目指しているわけではないんです。コーヒーにこだわってやっている人はいっぱいいますから。ぼくらにできることがあるとしたら、ごく普通の人に伝える役割だと思います。かつてのぼくのように、毎日カップ

デパートの店頭販売でコーヒーの淹れ方を披露

ラーメンを食べている人たちが、オーガニックやフェアトレードといったことに関心を持ってもらえるようになったらいい。そんな「素人目線」を大事にしていきたいんですよ。

おススメ!

## 小澤陽祐のオススメ「新しくなったパッケージ」

2012年の年初からパッケージをリニュアルをしました！「おつかいものにも使っていただける」パッケージができあがったと自負しています。また、新しくコロンビアもラインナップに加わりました！　カカオのような香りと甘みが特長。ぜひ一度お試しくださいね。

鮮やかな新パッケージ

## 「いい物だから買ってください」ではダメなんです

### カフェスローホールスタッフ・今村志保

「テーブルに置いてある布のコースター、ほとんど私の手づくりなんですよ！　中学校で家庭科を教えていたこともあるので、小さいものをつくるのは得意なんです」。くったくのない笑顔で語る今村志保（30）は、国分寺の近くの小平で育った地元っ子だ。彼女は、「お金ではなく手間ひまをかけて、日常と異なる体験をしてもらいたい」というカフェスローのコンセプトを、丁寧に実践しているように見える。

### ファミレスとは全然別ものですね

わぁ、コーヒーってこんなに奥が深いんだなぁって、驚きました。カフェスローに入ったとき、研修でエクアドルのコーヒー農園についてのビデオを見たんです。なぜカフェスローができたのかとか、ここで扱っているコーヒーの背景について学びました。私は大学時代、ファミレスでバイトをしていたんです。もちろんファミレスにだってコーヒーは置いているけれど、ここではエクアドルの生産者のことを思いながら一杯一杯丁寧に入れている。全然別モノなんだっ

て気づきました。
ファミレスって、いかに効率よく回すかしか考えていないんです。それとは逆に、カフェスローでは席と席の間をゆったりとって、来てくれたお客さんに快適に過ごしてもらうことを優先しています。例えばいま、お店には50席ほどあるんですが、すべての席にお客さんを詰めればいいというわけではないことを教わりました。すごく忙しくて、働いている側がきちんとケアできない状況なら、まだ座席が空いていても席に案内しないで待ってもらうこともあります。まずは今いるお客さんを最大限に大切にしようということです。他のレストランでは考えられないですよね。
ここで働きはじめてから2年がたちました。その間アルバイトから正社員になって、ひととおりのことはできるようになったと思います。これからは、もっと新しいチャレンジを自分なりにやっていかなくてはいけないかなという段階です。私にとってカフェスローは、人生を生きるうえで心強い学びとか、出会いの場になっています。本当にカフェスローに来てよかった。ここはもし仕事を辞めたとしても、お客さんとしてご飯を食べに来たいと思えるところです。ここで出している食べ物なら大丈夫、という安心感がありますから。

## パラグアイで、ヘチマのスリッパを売る

カフェスローのことを私に教えてくれたのは、大学時代のバイト先の友人でした。その友人は、その後NGOのボランティアとしてタイの農村で暮らすことになりました。当時の私は国際協力なんて無関心でしたが、彼はタイにいる間に、村の生活を知らせるニュースレターを送ってくれました。そこには、電気も水道もない村で農作業をする生活がつづられていました。自分は何不自由なく暮らしてきたので、こういう暮らしがあるんだということに関心を持ち、いつか自分も国際協力をしてみたいと思うようになったんです。

それで青年海外協力隊に応募して、南米のパラグアイに2年間滞在しました。パラグアイでは村の女性たちの生活改善の仕事をお手伝いしました。女性たちに収入がないので、手仕事を生み出す仕組みをつくろうとしたんです。私が訪れた農村ではヘチマ栽培が行われていたので、採れたヘチマを布のように薄くして、スリッパなどの製品をつくりました。それを都市部のお店で仕入れてもらうように交渉したりと地道なことをやっていました。あまりうまくいったわけではありませんが、製品が売れてお金が入ってきたときは、村のおばちゃんたちと一緒に大喜びしましたね。

協力隊から帰ってきてカフェスローを訪れたとき、ちょうどアルバイトを募集していました。

ここではエクアドルやネパールなどからのフェアトレード商品を扱っています。それを見ながら、こういう雑貨を扱えたらいいなと思いました。

ホールスタッフになってからは、接客やドリンクをメインにやっているので、フェアトレード商品を扱うことが多いわけではありません。でも、お客さんから「これはどんなものなんですか?」とか聞かれることはあります。

私はエクアドルには行ったことはありませんが、農村でヘチマと格闘した経験があるので(笑)、「その村でつくりました」ということがいかに大変かということや、どんな経路で届けられているかということがイメージできるんです。そういった生産者の思いを、私なりにお客さんに伝えていけたらいいと思っています。

それから、これはフェアトレード商品についてだけではありませんが、単に「モノが良い」から買ってくださいという姿勢ではダメなんですよね。お客さんの

パラグアイの村の人たちと

立場になってみて、また行きたいと思うお店は感じよく接してくれた店員さんがいるかどうかです。まだまだ修行中ですけど、またこのお店に来たいと思ってもらえるような接客を心がけていきたいと思っています。

おススメ!

## 今村志保のオススメ「ホットスパイスチャイ」

ポイントはジンジャーシロップ。生姜とタカの爪、てんさい糖でつくった自家製シロップカルダモンとかクローブも入っています。寒い冬にはあったかいし、美味しいですよ。

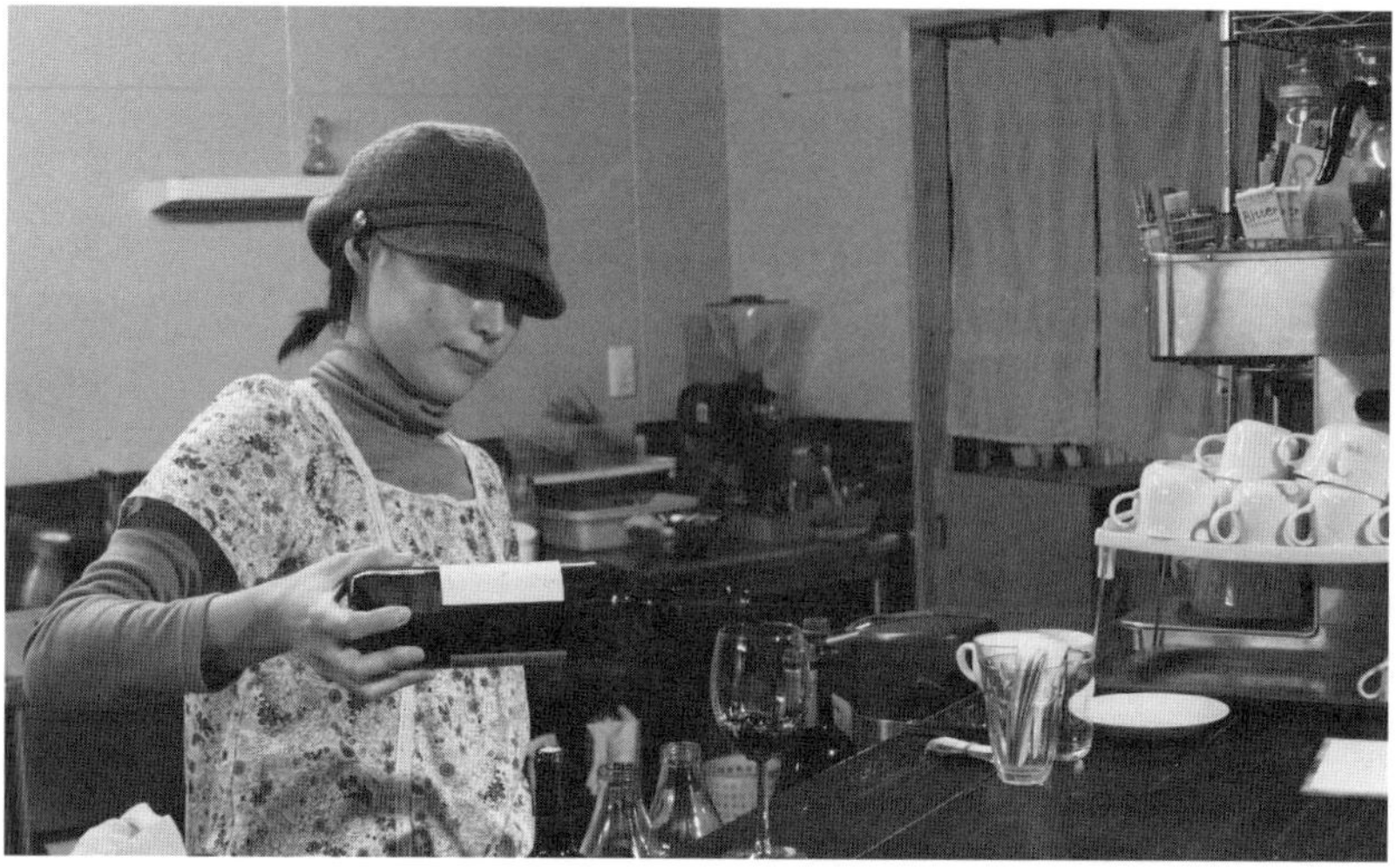

# 恋も南米の暮らしも応援する、フェアトレード

## スローウォーターカフェ代表／ナマケモノ倶楽部共同代表・藤岡亜美

『チョコが一役／恋も南米の暮らしも応援』。２００７年、そんな見出しで「フェアトレード」という言葉が全国紙のトップに掲載された。そして今では、日本のあらゆる百貨店がバレンタインデーの際に「公正な貿易」という考え方を取り入れるようになっている。エクアドルの森と人が育てた商品を、フェアトレードという形で日本に紹介する会社「スローウォーターカフェ（ＳＷＣ）」を立ち上げた藤岡亜美（32）は、チョコレートや自然素材の商品を通して、現地の人びとの生活や、森の大切さを伝えてきた。第３子の出産を機に、東京から宮崎県の自然豊かな土地に移住した彼女のビジョンを聞いた。

### 村の人たちの「森を守りたい」という思いに、影響を受けました

学生のとき、エクアドルにパックパックを背負って出かけました。最初の印象は、貧しいというよりワクワクする国だったんです。例えばバスに乗っているだけでも面白い。伝統衣装を

着た先住民のおばあさんと、黒人の大きな若者が楽しそうに話していたり、生きたままの鶏が袋に入れて持ち込まれたり、ラジオや窓の外からもフォルクローレなどいろんな音楽が聞こえたり…。香草の匂いや、フルーツの匂い、多様な文化が混ざり合って、命がむきだしで輝いているように感じました。

でも旅をするなかで、この国のいたるところに、私たち先進国といわれる国々のライフスタイルの爪あとを見ました。日系企業の鉱山開発のために、村がなくなりそうになった人たちとも出会いました。彼らは「開発反対」と言うだけではなく、代替案として森にコーヒーを植えたり、サイザル麻(*)など自生している繊維を使って、手仕事でものづくりをはじめていました。私はこの人たちの勇気や、自然で淡々とした行動に、心を惹かれました。

その後、エクアドルと日本を行き来するようになりました。そして多様な森の話や、村でつくってもらったサイザル麻のバッグを、アースデイなどのイベントで紹介して売るようになったんです。それがフェアトレードの立ち上げにつながりました。そしてしだいに関わる人たちが増えて、大企業と組んでキャンペーンをしたり、年間計画を出したりと、会社としての活動につながっていきました。

扱う商品の種類やクオリティもだんだんと高まっていきました。いちばん最初は現地の友だちがつくったものを買い付けただけでした。マーケットに出すと、お客さんは「もうちょっとこうだったら買うのにね」と意見を言ってくれるので、そこに自分のアイデアも加えてエクア

エクアドルの商品生産者の女性たちと

ドルに提案し、不具合があれば直してもらうということを繰り返しました。チョコ工場では、添加物を抜いて、衛生管理マニュアルを作りなおすワークショップをするなど、フェアトレードならではのやり取りを重ねました。バッグの染色のバリエーションは2色から、今では20色以上にも増えています。作り手のみんなと森とのつながりが、さらに豊かになった印ですね。

## 豊かさの源泉はお金ではなく自然

エクアドルと関わって10年近くがたちました。今ではつながっている生産者のグループも10以上ありますが、彼らからは学ぶことばかりです。とくに、子育てをしながら手仕事で暮らしを成り立たせているお母さんたちは、私のあこがれです。毎週行われるミーティングには、バイクとか車じゃなくて、馬が縦列駐車してあって、かっこいいなぁと（笑）。

収益は家計を助けるだけでなく、子どもたちの勉強や緊急医療のために出し合ったりもします。ものづくりを通して、地域活動にも口を出すようになるなど、女性の社会的な地位も向上してきました。

数年前、女性生産者のリーダー2名を日本に招聘したときに、彼女たちが言いました。「私たちの地域には、生きていくのに必要なものが全てあります。綺麗な水や空気、汚染されていない食べものです」。

貧しくてかわいそうな人の話を聞こうと思った人は、おやっという顔をしました。でも私は、にやっとしてしまったんです。インタグは、貧困地域に指定されていて、使うお金は私たちよりずっと少ない。でも彼女たちは、「豊かさの源泉はお金ではなく自然だ」ということを知っています。そしてそのことを、大量生産や大量消費があたりまえになっているこの国で伝えるべきだということも知っています。私たちのしているフェアトレードというのは、その森と人からの声を、そういうメッセージを商品に乗せて届けることなんです。

## フェアトレードから『友産友消』へ

私は、生まれも育ちも東京の下町なんですが、震災直後に宮崎県の串間市に移住しました。震災の前から、近いうちに農村に移ろうということは決めていたんです。フェアトレードは、いろいろなものを変えてゆくきっかけにはなるけど、それだけでは解決にはならないこともたくさんあります。だから作り手の人たちを見習い、手作りをするということを軸に生活したいと思ってきました。

カナダ人のオーナーから家と土地を購入し、『森と海のあいだのトージバ』と名付けました。ここでやりたいと考えているのは、森に多様な木や草を植えて、ヤギや蜂を飼って、エクアドルの森のようなアグロフォレストリー（森林農法）やフォレストガーデニングみたいなことです。今では、私が共同代表を務めるナマケモノ倶楽部や、旦那の渡邉尚が代表をつとめるNPOトージバ（80P）を通じて、いつも誰かしらが、農作業体験や海のレジャーにきています。

私が住んでいる地域は、高齢者が過半数を占めている、いわゆる限界集落で、震災以前は原発が誘致されていた場所です。宮崎のお母さんたちとも、エクアドルと同じように子どもを傍らに地域を守る仕事がしたいと思います。今は、エクアドルのチョコレートに宮崎の柑橘類を組み合わせた商品を開発中なんです。そういう商品をカフェスローにも届けていきたいですね。

カフェスローは、エクアドルとのつながりをつむいでいく場所のひとつでもあるけど、日本の田舎のローカルムーブメントとつながって、いろいろなものを発信していく拠点になっていってほしいな、と思っています。

私はカフェスローの立ち上げにも関わり、コーヒーの焙煎もそこで覚えました。その後も、イベントや商品を通じてカフェスローからムーブメントを発信をしてきました。カフェスローの好きなところは、人と人とのつながりをどんどん生み出しているところ。私がきっかけをつくって、結婚したカップルが2組いるんですよ。いつかの新聞の見出しのように、もっともっと『恋も南米の暮らしも応援』していきたいです。

*サイザル麻。生命力の強い植物で、貧困な土壌でも育ち、農薬を必要としない。葉から繊維を取り出し、なめして乾かした後にくるんで木の葉などで色染めをし、丁寧に編んでバッグやマットをつくる。

トウガラシ型のニットに入ったアヒチョコ

コラム

# カフェスローは若返りの泉？

ナマケモノ倶楽部共同代表／
シンガーソングライター・アンニャ・ライト

このあいだ、日本の友達が私の家に来て「わあ、アンニャの家ってカフェスローみたい」って言ったの。なんてほめ言葉なんでしょう！

カフェスローはいつの間にか、私の奥深くまで感化していました。だから、家までカフェスローにそっくりなんだと思います。私と子どもたちにとって、カフェスローは日本にあるもう一つのふるさとです。この10年間、カフェスローでは、世界にポジティブな変化を創り出す、数え切れないほどのすばらしいイベントが行われてきました。

あまり恵まれたとは言えない場所で、新しいビジネスを起こすのは、かなり大変だったはずです。でも、カフェスローに関わった人たちはいつもみんな笑顔でした。それは、彼らにカフェスローへの確信があったからなのでしょう。ここを

**アンニャ・ライト**
ナマケモノ倶楽部共同代表。シンガーソングライター、環境活動家。
CD『Slow Mother love』、著書『しんしんと、ディープ・エコロジー』（大月書店）。

訪れるすべての人には「自分もカフェスロームーブメントのメンバーなんだ」という思いが、じわじわと生まれていきました。それは「カフェスロー・マジック」なんだと思います。

時は流れて、カフェスローは生まれ変わった。新しいカフェスローは地域のたくさんの人が関わって、ストローベイルの壁がつくられていきました。子どものパチャとヤニ、そして私は、すべすべした土壁に手を押し当てて、ハチドリの物語に思いを馳せながら、手の跡を残したんです(*)。私にとってカフェスローとは、人々の「ひとしずく」が集まる場所。私たち一人ひとりが変化となり、社会の変革を起こしていく場所なんです。

私は、新しいカフェスローに「自然育児友の会」が加わったことがとっても嬉しいの。これで、親たちがよい食べ物とポジティブな考えで体をケアしている間、幼い子どもたちにとっての遊び場ができました。ギャラリーやおいしいアチパンもある。次は何ができるのかしら？

移転してからのカフェスローで印象的だったのは、何とい

っても、寄田さんと馬車で周辺をぐるっと回ったことです。私たちの馬車が通ると、町の人たちは驚きと好奇心で振り返った。ある所でスポーツカーとすれ違って、その車を運転している男性が見えました。彼の目は「流行りの車に乗っているぼくより、その馬のほうがカッコイイな…」と言っているようだったわね！

お店ができて10年がたち、子どもたちは成長したのに、カフェスローに関わった人たちはむしろ若返っていくようです。もしかするとカフェスローは、若返りの泉なのかしら？カフェスローが、創造力やアイディアが次々に湧いて出る泉であることは間違いありません。いつでも素敵なことを考えている誰かと出会い、心から分かち合うことができる場所なのだから。

# スローカフェ・ムーブメントの10年
## ～ローカル・コミュニティ再生の拠点をめざして～

カフェスロー代表・吉岡淳

### ◆2001年、カフェスロー誕生

カフェスローが、東京・府中市の国分寺市との市境に誕生したとき、地域住民の皆さんからは奇異な目で見られていました。「秘密結社のアジト?」「どこかの宗教団体の施設?」「スローってなに?」という反応です。

元自転車店の倉庫の一階部分を、ストローベイルと珪藻土を使って内装し、道路に面した駐車場スペースにもストローベイルの壁を巡らせたユニークな設計は、ナマケモノ倶楽部のメンバーで、建築家の大岩剛一氏のデザインによるものです。2001年4月から改装工事が始まり、ナマケモノ倶楽部の会員はもとより、主婦や学生たちが参加して、藁積みから土塗作業までを担いました。時折工事中のお店を通りかかる通行人が、土塗作業をさせてほしいと参加してくれた、などということもありました。

その年の5月22日にカフェスローがオープンしたときは、結構注目を集めました。オープニング・イベントには、2日間で全国から250名もの人々が集まり、門出を祝ってくれました。

ナマケモノ倶楽部が掲げる「スロームーブメント」の拠点として、地球に負荷をかけないライフスタイルを提案するカフェというコンセプトを掲げて、カフェスローはスタートしたのです。秋には、エクアドルの偉大なマリンバ奏者であるパパロンコン氏をはじめとする音楽グループが、ナマケモノ倶楽部の招きで来日し、カフェスローで盛大にライブ・イベントを行いました。あの「9・11同時多発テロ事件」のほとぼりも冷めやらぬ10月のことでした。

## ◆次々と実施したユニークな取り組み

華々しいスタートをきったカフェスローでしたが、経営的には苦しい日々が続きました。カフェスローの強みは、ウィンドファーム代表の中村隆市さんが手がけた、南米のオーガニックコーヒーの味でした。それだけで十分お客さんを呼べるだけのアドバンテージを持っていたにもかかわらず、それ以外の軽食やデザートなどの開発が遅れ、集客に苦心していたのです。

それでも幸いなことに、お店のユニークさと「スロー」というコンセプトの斬新さから、新聞やテレビなどのメディアで大きく取り上げられるようになりました。そしてしだいにナマケモノ倶楽部の関係者以外からも、お客さんが来てくれるようになったのです。さらに地域のミュージシャンたちが、カフェスローでライブを開いてくれたおかげで、そのファンの人たちが利用してくれるようになり、地域でもしだいに認知度が高まっていきました。

「暗闇カフェ」の取り組みは、個々人が具体的にライフスタイルの転換をするきっかけをつくることになりました。ナマケモノ倶楽部世話人の辻信一さんの提案で、6月21日の夜にカフェスローではじめて実施した「暗闇カフェ」は、生演奏を聴きながら、ロウソクの明かりでスローフードを楽しむというユニークさが評判になり、その後のカフェスローのムーブメントの重要な柱の一つになっていきました。

## ◆きっかけは営業時間の短縮

オープンから3年を経て、なんとか持続可能な経営の実感が持てるようになりました。そのきっかけは、営業時間を短縮したことです。それまでの営業は年中無休でしたが、まず週休1日へと切り替えました。しかし、売り上げは思うように伸びてくれません。その原因は自分たちにありました。疲れ果てて、毎日必死にお客さんと対応している自分やスタッフを振り返り、こんな態度ではお客さんが気持よく過ごせるはずがないと気付いたのです。そこで思いついたのは「思い切って店を週休2日にしよう。そうすれば、スタッフの疲労も軽減するだろう。売り上げが減るのは仕方がない」と決断しました。

それから1ヵ月が経って決算したところ、週5日の営業にも関わらず、それまでより売り上げが減っていないことがわかりました。それはたまたまその月だけだったわけではなく、不思議なことにその後はむしろ売り上げが伸びていったのです。

最大の理由はやはり、スタッフの接客の変化でした。さわやかな態度でお客さんを迎えることが自然とできるようになったのです。メニューのバラエティが増えたことや、味が向上したことも関係しているかもしれません。お客さんの滞在時間も明らか長くなっていきました。居心地がよくなった表れです。そこには、カフェスローの非日常的空間という魅力も活かされているのでしょう。

## ◆「スロームーブメント」の拠点として

また、当初から掲げてきたカフェスローのコンセプトを曲げずに続けてきたということが、お店の信頼感を増すことにもなりました。売り上げが伸びないと、どうしても経費の切り詰めやサービスの低下を考えてしまいます。その結果、質を落としてしまうことになるわけです。そこをじっとこらえ、大切なことを守り通してきたことが、功を奏したのでしょう。

ぼくの実感としては5年目ぐらいからですが、スロームーブメントのコンセプトである、「スローフード」「フェアトレード」「省エネ」「スローツーリズム」…といった考え方が人々にしだいに浸透していきました。

「スロー」という言葉が、僕たちが意図する「つながりなおし」という意味までは理解されなくても、生活を「スローダウン」させるとか、もう少しゆっくり生きるといった会話が、一般社会でも使われはじめたのは、この頃からです。そして、スロームーブメントの拠点としてのカフェスローが認知度を高め、来客が増えるという結果になりました。それも近隣地域よりも、遠い所からのお客さんが増えたという現象にもつながったのです。

## ◆多様な仲間が加わった

カフェの経営面でさらなる効果をもたらしたのが、カフェスロー自体の多様化です。敷地内のエコマーケットには、新たに天然酵母パンの「アチパン」と、NPO法人の「自然育児友の会」が加わりました。また、カフェスローの2階のスペースを利用して、ギャラリーやワークショップをはじめたことも、カフェスローの魅力を高めることになりました。情報発信機能が高まったことで、新たな層の関心を集めることにもなりました。

スタッフの構成にも大きな変更がありました。それまでは店長兼オーナーの僕と、開店当初からのスタッフである渡邉由里佳さんを中心に業務を切り盛りしてきました。でも満五年を迎えるにあたって、店長を専任でやってもらうスタッフを迎え入れたいと考えるようになったのです。僕が目をつけたのが、地域通貨市などでカフェスローに常連として関わってくれていた間宮俊賢さんでした。急なお願いにもかかわらず彼が店長を引き受けてくれたことは、その後のカフェスローの成長に大いに貢献することになりました。

ＮＰＯの仕事一筋にやってきた僕は、52歳という歳で、カフェスローというまったく新しいビジネスを始めました。そんな自分が経営者兼店長という職を続けるのは体力的にも非常に厳しく、若いスタッフに助けられて何とか毎日やっていたというのが実情です。店長の交代は極めて妥当な選択だったと思います。特に最初の一年は、経営の厳しさに加えて、一日中立ち仕事になるため、体が棒のようになり、曲げることさえできない日々が続きました。当時は飲食業の仕事がこんなにきついとわかっていれば、やるんじゃなかったと、内心後悔したほどです。今となっては懐かしい思い出でもあり、いい経験だったと感謝の気持ちで一杯ですが。

## ◆思いもしなかった移転

若き店長を迎え順風満帆のカフェスローは、その後想像もつかない事件に遭遇します。家主から、立ち退き勧告がある日突然告げられたのです。７年目を迎えて、10周年の目標が見えかかっていた時でもあったので、僕にとってその衝撃は大変なものでした。誰にもこのことを知らせないで、しばらく悶々とした日々を過ごしました。前述したように、カフェスローには、アチパンをはじめ多くの団体も入居していました。彼らのことも考えないといけないし、その他もろもろの課題が頭の中をぐるぐる廻り、しばらくは茫然自失の状態だったのです。

ところが、すばらしい物件が偶然にも近くにありました。その物件は、カフェスローから国分寺街道沿いに、ほんの数百メートルほど北に行ったところにありました。元工場のその建物は、とてもカフェができそうなものとは思えませんでしたが、立地が魅力的でした。何しろ国分寺駅から徒歩5分の近さです。朽ち果てた建物の割れた窓から垣間見た裏側の風景には、畑が広がっていました。しかもその手前には野川が流れている。風景もいい。僕は「ここしかない」と確信しました。

かくして、カフェスローの移転計画がスタートします。後から考えてみれば、府中にあった最初のカフェスローは、それ以上展開のしようがないほどにまで手を尽くしていたので、伸び代は期待できなかったかもしれません。僕はちょうどタイミングがよかったのかもしれないと、勝手に納得するようになりました。

## ◆地域のカフェとして、新しい旅立ち

国分寺に移転するにあたって、移転・改装費2000万円の資金を調達する必要がありました。ウィンドファームの中村隆市さんの提案で、広く会員を募り5年間の償還期限の「私募債」を募集することにしました。それで大金が集まるのか心配でしたが、なんとその私募債で個々人から約1200万円を調達することができました。7年間のカフェスローのつながりの中で築

いてきた信頼関係の賜物だと感謝せずにはいられません。残りの資金は、国民生活金融公庫から融資を受けました。

国分寺に移転して一番嬉しかったことは、地元の商店会の歓迎ぶりです。カフェスローが移転してきたことを商店会をあげて喜んでもらいました。思えば、府中でスタートした時には、商店会からは反応は全くなく、こちらから入会を頼んでも、「何もいいことはないよ」と体よくあしらわれたことを覚えています。そんなこともあって、国分寺の商店会の歓迎ぶりにはよけいに心が熱くなったのです。やっと地域の中で認知されながらカフェの運営ができると、心底ありがたく思いました。

新しいカフェスローは、快適で一段とグレード・アップした空間に仕上がりました。客席は広くなり、キッチンも機能的になりました。発明家の藤村康之さんのアドバイスも取り入れた省エネ設計の内装を、今回も大岩剛一さんが手がけてくれました。もちろん内装にはストローベイルと珪藻土を使い、カフェスローらしさを醸し出しました。

新店舗でも、北海道・浦河の「べてるの家」の皆さんを始め、ナマケモノ倶楽部の会員たちの協力で、内装の藁済みと珪藻土塗りが進められました。この工事期間中に、インタグコーヒーのふるさとである、エクアドル・インタグ州のアウキ知事夫妻、そしてナマケモノ倶楽部共同代表のアンニャ・ライトさん親子がカフェスローを訪問しました。そして、記念の手形を店内と中庭の土壁に残してもらいました。

さらにその年は、べてるの家からの依頼で、浦河にスローカフェを作ることにもなりました。そのカフェ「カフェぶらぶら」は、やはりストローベイルと土壁を使って造られました。大岩剛一さんと僕が深く関わった初めてのスローカフェが北海道に誕生したことになります。

## ◆カフェスローを揺るがした、震災と原発事故

国分寺へ移転して、来客、売り上げともに旧店舗に比べて飛躍的に伸びました。経営的に最も順調に推移した時期だったと言えます。このまま10周年を迎えられると考えた矢先に、あの震災が起こりました。震災の当日、僕は仕事でパリに滞在しているときに、通りがかりの旅行者から「大震災」があったと知らされました。カフェスローがどうなったのかあわてて連絡を取ろうとしましたが、すでに通信は不通でした。その後、ホテルのテレビに映る日本の映像を見て、心が凍りつきました。

間宮店長と連絡がついたのは、その2日後でした。店は幸いにも無事で、お客さんも含めて被害はありませんでした。しかし計画停電の実施や、福島原発事故による放射能の影響を考え、お店は1週間以上の休業を余儀なくされました。カフェスローの常連さんの中には、九州や関西方面に避難した方も多く、震災以降、平日の夜営業は閉じたまま現在に至っています。

広範囲に広がった放射能汚染は、僕たちに新たな課題を突き付けています。カフェスローと

しても、この課題を避けて通れません。取り扱う食材の安全性を、無農薬かどうかだけではなく、どれだけ放射能汚染が少ないかということも条件に取り入れなくてはいけなくなりました。大量生産、大量消費、大量廃棄という私たちの暮らしが原発を増やし続けて、その結果、大事故が起こってしまいました。地球に負荷をかけず、自然と共生して、「ダウンシフト」が当たり前の世の中になるまでには、まだまだ時間がかかるようです。

## ◆10年を振り返って

カフェスローの10年は、こうして振り返ってみると波乱万丈、あっという間に過ぎていきました。２００１年から２０１１年といえば、奇遇にも「９・11」から「３・11」までの10年と重なり合います。そしてこの10年間で、ナマケモノ倶楽部が掲げてきた「スロー」や「地球に負荷をかけないライフスタイルへの転換」というコンセプトへの人々の関心が高まったのではないかと思います。そして、ナマケモノ倶楽部の活動拠点である「カフェスロー」も、けっして十分とは言えないものの、スロームーブメントの進展に貢献できたのではないかと自負しています。オーガニックレストランやオーガニックカフェもこの10年で飛躍的に増加しています。自然食品店でしか買うことができなかった無農薬コーヒーやフェアトレードコーヒーも、スーパーで目にすることが多くなりました。そして皮肉なことですが、原発事故が人々や企業に「節電」を促すことになりました。

２０１１年の半ばから、カフェスローマーケットの一角にあった自然食品店「おかげさま市場」をカフェスロー店内に移動させて、空き店舗に、「自然育児友の会」関連のエコグッズと、子どもを放射能汚染から救うための「こども未来測定所」などが入りました。この「memoli」は、地域の人々からの期待を集めています。

カフェスローも、震災後から新しい展開を模索しています。２０１１年半ばに、キッチンチーフにbegood Caféのフード担当で活躍してきた新納平太さんを迎えました。彼が加わったことで、新たにオーガニック・ケータリング事業も始めました。また、スタッフが定休日に出かけていって食材の生産者と交流したり、食材に安全なスモークベーコンを導入するなど、新メニューの開発にも取り組んでいます。

そして何より、この10年間で培ったさまざまなネットワークが広がり、いろいろな成果を生み出している様子は、本書に取り上げられている人々の話しからも感じてもらえると思います。10年を経たカフェスローはいま、次なる10年に向けて若者たちを中心に新しいスロームーブメントの歴史を創造し始めています。

あとがき

# 『しあわせcafeのレシピ』のレシピ

高橋真樹

この本をいわゆる「レシピ本」だと思って買ってしまった方がいたら、ごめんなさい。素直に謝ります。でも、誤解して買った人でもちゃんと読んでもらえたら、レシピになっているかもと、納得してくれる部分もあるんじゃないかと思っています。

ご存知のとおり、カフェスローは、単に美味しくて安全な食べ物を提供するオーガニックレストランというわけではありません。食と農、子育て、フェアトレードといったさまざまな要素を通して、ムーブメントを広げる役割を果たしてきました。「人と人とのつながりをつくるコミュニティカフェ」。そんなふうに表現できるかもしれません。でも何だかピンときませんよね？

だからこのカフェの10年の道のりを紹介する本書では、これまで関わってきた人たちの多様なライフスタイルや活動から生み出されてきたものを具体的に取り上げて、そこからカフェスローは何かということを伝えようとしています。そういった一人ひとりの生き方、一つひとつの活動が、しあわせで不思議なこのカフェを成り立たせてきたレシピになっているからです。

カフェスローにつながりの深い30人近くの人たちにインタビューをしながら、ぼくはいつも共通したいくつかのことを考えていました。お金では決して買えない幸せとか豊かさについて、つながりを取り戻すことの大切さについて、そして人間であれ、農作物であれ、いのちと向き合って生きてきた人たちの発する言葉の深みについて…。やっている仕事はそれぞれみんな別のことですが（カフェスローの現スタッフは除いて）、どの人の話にもそういった要素がベースにあるように感じられたのです。彼らの話の端々には、現在の人と人とが切り離され、閉塞感あふれる社会や暮らしをどう変えていけばいいのかというヒントが、たくさん詰まっていました。そして、そういったアイデアを実現する場として、カフェスローのようなコミュニティカフェの持つ可能性を改めて感じることができました。

このカフェスローの物語には、傍観者は必要ありません。コミュニティは、ほうっておいてできるものではないからです。あらゆる人が参加して、一緒に作っていく過程が大事です。土壁を塗り、顔の見える食材を仕入れ、子どもが参加しやすいイベントをつくりあげ、ムーブメントを動かしていく…そのすべてが、誰か一人でできることではありません。だからこそ、こういう場所でしか得られない大変さと面白さがあるわけです。ぜひ、自分の興味のある部分で、カフェスローに関わってみてください。自分の街のスローカフェに関わったり、カフェスローのような場所をつくってみるのもいいかもしれません。

そうした一人ひとりの「参加する」という意識が、これからもカフェスローに新たな物語をつむいでいくのでしょう。常連客だった間宮さんが、思いもかけず突然店長に指名されたように、次の「しあわせカフェのレシピ」をつくるのは、あなたになるかもしれません。

# 資料編

しあわせCafeを形作る
さまざまなピース
10年の歩みやスペースの使い方、
つながりの深いカフェの紹介まで

# スロー・カフェ宣言

## ひとつ、スロー・カフェはオーガニック・カフェ

有機無農薬コーヒーの普及をつうじて「南」の生産者の持続可能な地域づくり、そして日本の消費者の健康な食生活に寄与することをめざします。

## ひとつ、スロー・カフェはフェアトレード・ショップ

環境を破壊し富と貧困の格差を拡大する一方のグローバル化のかわりに、生産者と消費者、都市と農村、「南」と「北」、今の世代と未来の世代、人と他の生物たちとの間のより公正な関係をめざします。

## ひとつ、スロー・カフェはスロー・フード

安全で新鮮な食材を使った手づくりのおいしい料理を、ゆっくりと楽しんでいただける場をめざします。

## ひとつ、スロー・カフェはスロー・マネー

利子を生まない通貨として今世界中で注目されている地域代替通貨を取り入れ、より公正でいきいきとした地域経済圏をつくり出すことをめざします。

## ひとつ、スロー・カフェはインフォ・カフェ

環境問題、「南北」問題をはじめとする様々な情報交換の場、そして音楽・映像などの表現活動の場となることをめざします。

## ひとつ、スロー・カフェはスロー・ビジネス

スロー・カフェは投資、起業、販売、消費など人それぞれの経済行動を通して、美しさ楽しさ安らぎなどの価値を社会に取り戻すための事業をめざします。

## ひとつ、スロー・カフェはスロー・デザイン

環境に負荷をかけず、人や地域、自然とつながりながら、住にかかわるライフスタイル全般を見直すためのデザインを提案します。

## ひとつ、スロー・カフェは子どもと共に育つカフェ

自然のリズムによる子育ちとまわりの大人による子育てを応援します。

## ひとつ、スロー・カフェはコミュニティ

みんなちがって、みんないい。「弱さ」を絆に、違いを補い、助け合います。

## ひとつ、スロー・カフェはナマケモノ的ライフスタイル

切迫する環境危機とは、他ならぬ私たち自身の文化の危機でありライフスタイルの破綻であると考え、自然と人との、人と人との、よりスローでエコロジカルな関係に基づく心豊かな生活文化を提案します。

 ナマケモノ倶楽部　2002年1月制定　2009年7月改定

# カフェスローの主な歩みと出来事

**2001年5月22日** 東京・府中市に、ナマケモノ倶楽部が推進する「スロームーブメント」の活動拠点としてオープン。吉岡他ナマケモノ倶楽部の有志が出資して有限会社として発足。現在に至る。オープニング・イベントには、「生命地域主義」を唱えた米国の環境実践家である故ピーター・バーグ氏をゲストに招いた。この日を「世界有機コーヒーデイ」に制定。

**2001年6月21日** アメリカの京都議定書離脱に抗議して、海外のNGOから「せめて夏至の夜だけでも電灯を消して、キャンドルの明かりで過ごそうよ」との呼び掛けに呼応して、「暗闇の集い」を開催。これを機会に、月に一度、金曜日の夜に「暗闇カフェ」を始める。当初はほとんどお客が入らなかったが、ミュージシャンの生演奏を聴きながら、蜜蝋のローソクの明かりでスローフードを味わうことの心地よさが評判を呼ぶようになり、若者のカップルを中心に徐々に来店者が増加していった。2年目からは月に二回開催になり、4年目からは毎週金曜日の開催へと拡大し、2003年から全国規模の「100万人のキャンドルナイト・キャンペーン」に発展していった。当初は、全盲のヴァイオリニストの穴沢雄介さんが暗闇演出人として出演していたが、暗闇の中での生演奏の心地よさが、ミュージシャンの評判を呼び、以降は暗闇演出人を希望するミュージシャンの出演要請が、ありがたいことにいまもなお後を絶たない。

**2001年10月13日** 「フィエスタ・エクアドル」開催。森林農法のコーヒーやフェアトレード雑貨の輸入元であるエクアドルから、南米随一のマリンバ奏者のパパロンコン等をナマケモノ倶楽部が日本に招き、カフェスロー他全国各地で開催。エクアドルのたぐいまれな生物多様性と質の高い文化を初めて日本に紹介した。

**2001年12月1日** 地域通貨イベントをNAMの協力で初開催

**2001年12月9日** 辻信一著「スロー・イズ・ビューティフル」の出版記念パーティ開催

**2002年11月** 1992年のリオデジャネイロで開催された国連環境サミットに子ども代表で演説したカナダのセヴァン・スズキさんがナマケモノ倶楽部の招きで来日。滞在中カフェスロー訪問。

**2004年5月** カフェスローオープン3周年を記念して「カフェがつなぐ地域と世界
—カフェスローへようこそ」を自然食通信社から出版。

**2006年9月**　カフェスローエコ・マーケットの一員として天然酵母パンの「アチパン」オープン

**2006年10月**　カフェスローエコ・マーケットの一員として「自然育児友の会」が参加

**2008年6月**　地主からの立ち退き養成のために、国分寺市東元町の工場跡に店舗を移転。店舗の移転経費の半分を、ナマケモノ倶楽部のメンバーやカフェスローの来店者からの「私募債」で賄う。残りは、APバンク等の融資。新店舗には、ギャラリーを併設し、そのオープニングには、大岩臣《み》華《か》さんの「リベルタンゴ―終章までの18カ月」作品展を開催。

**2009年4月**　国内外の命の食材を扱う「おかげさま市場」を隣接のライオンズマンション1階に開業。

**2009年5月**　「スローなカフェの作り方―地域をかえる、世界がかわる」を自然食通信社から出版。カフェスローをはじめとして全国各地に広がるスロー　カフェの紹介とスローカフェムーブメントの役割を紹介。

**2010年10月**　生物多様性年を記念して、ナマケモノ倶楽部の主催で「生きもの会議」を開催。NPO法人インフォメーションセンターの協力で、カフェスローから都立殿ヶ谷戸公園を一周する5人乗りの馬車が初めて国分寺を走る。

**2011年3月11日**　東日本大震災の影響で、10日間休業。

**2011年5月**　カフェスロー10周年を迎える

**2011年12月**　カフェスローエコ・マーケットの一員として「メモリ」オープン。子ども未来測定所を併設

**2012年5月**　「しあわせカフェのレシピ―カフェスロー物語」を自然食通信社から出版

# カフェスローのスペース＆イベントの紹介

## 暗闇カフェ

闇を楽しみませんか。蜜蝋キャンドルの灯りの中で、暗闇を演出する音楽家による生演奏を聴きながら、美味しいお酒やお食事を召し上がって、ゆったりと過ごします。光と闇の空間は、まるでそっとコンセントを抜くように、いつもの暮らしの流れからぽっと抜け出たような感覚にさせてくれます。

（●●ページ参照）

開催日:毎週金曜夜

暗闇カフェで演奏するスローシンガーの松谷冬太

## フードハートパーティ

「農家さんと友だちになろう」をコンセプトに、つながりある食材の生産者さんはじめ、素敵な農家さんたちと交流できるイベントです。「食べる」がリアルに人と人をつなぐ場。NPO「トージバ」と共催。（●●ページ参照）
開催時期:毎年2月頃

## 服と幸せのシェアーxChange（エクスチェンジ）

xChangeはおしゃれな古着の交換会のこと。「自分ではもう着なくなったけれど、捨てるにはもったいない。誰か大切に着てくれる人に渡したい!」という、洋服や装飾品を持ち寄って交換します。1つひとつにエピソードのタグをつけて交換します。カフェスローでは2012年1月から実施。幅広い世代が参加して大盛況。コミュニケーションツールとしての物々交換、シェアの感覚を楽しくハッピーに体感できます。

## アースダイアログ～子どもと未来について語ろう～

3.11後、目に見えないでもいのちを脅かす放射能にどう対応していくか、今をそしてこれからを生きる私たちの重大な課題。これからを生きる子どもたちを放射能からどう守れるのか、その情報の発信とその事実を前に感じる気持ちを参加者同士でシェアするワールドカフェで構成され行われました。（全7回2011年9月～2012年3月　主催:子どもたちを放射能から守る全国ネットワーク／アースデイ東京タワー　協力:NPO法人自然育児友の会／カフェスロー）※これまでのアースダイアログは、ユーストリームでご覧になれます。
Memoliのホームページより　http://memoli4future.com
今後も同じような主旨で場を開催して行く予定です。

### 結婚パーティ

ご縁のあった方、ご愛顧頂いた方の結婚パーティをお受けしています。「食」を中心とした演出は、その方のご希望や想い、スタイルに寄り添い、オーダーメイドしていきます。

### ニットカフェ

お茶をしながら、そこに集った方と編物をする新しいニットの楽しみ方です。初心者から手慣れた方まで、おしゃべりを楽しみながら、編物しながら過ごす会です。
開催日:毎月第一水曜日(変更の場合あり)

## 各スペースでの企画紹介

カフェスローはインフォカフェ(情報を発信していくカフェ)。「食べる」のほかにも「生きる」にまつわることに活用できるスペースもあります。人が集う場として、また表現を伝える場として活用されています。

### スローギャラリー

絵画、グラフィックアート、陶芸、写真、手工芸品などの展覧会としてご利用頂けます。表現を通して語り合うことのできる、やわらかなコミュニケーションの場。

### 中庭／駐車場 ・ゆっくり市

旬の新鮮野菜、生鮮食品、生活雑貨、手づくり雑貨などなど、暮らしの真ん中にあるもの知恵と一緒に並びます。基本的には毎月第一日曜日に開催。

### ワークショップスペース(別棟)

手や身体を動かすことで、まずはリラックス。そこから、人間本来の身体性、心と体のすこやかさ、豊かさを見つめ直すことのきっかけの場所。ヨガなどのボディワークショップ、手仕事、小さなお話し会などを開催。

※メルマガ「カフェスローたより」配信中
おすすめイベントや新メニュー、営業時間の変更などのカフェスロー情報を、月一回のペースでお届けしています。

# カフェスロー情報

## ●住所　お問い合わせ先

〒185-0022
東京都国分寺市東元町2-20-10
TEL : 042-401-8505
FAX : 042-401-8503
E-mail : cafeslow@h4.dion.ne.jp

## ● 営業時間

火/水/木 : 11:30-18:00
※ラストオーダー : 17:30
金/土 : 11:30-15:00
※15:00以降はイベント準備のため、一時閉店。
※貸切イベント等のため、臨時に営業時間を変更する場合があります。
日/祝/イベント開催のない土:11:30-19:00※ラストオーダー : 18:30
★ランチタイム11:30〜15:00の毎日
定休日 : 月曜
※祝日の場合は営業、火曜振休

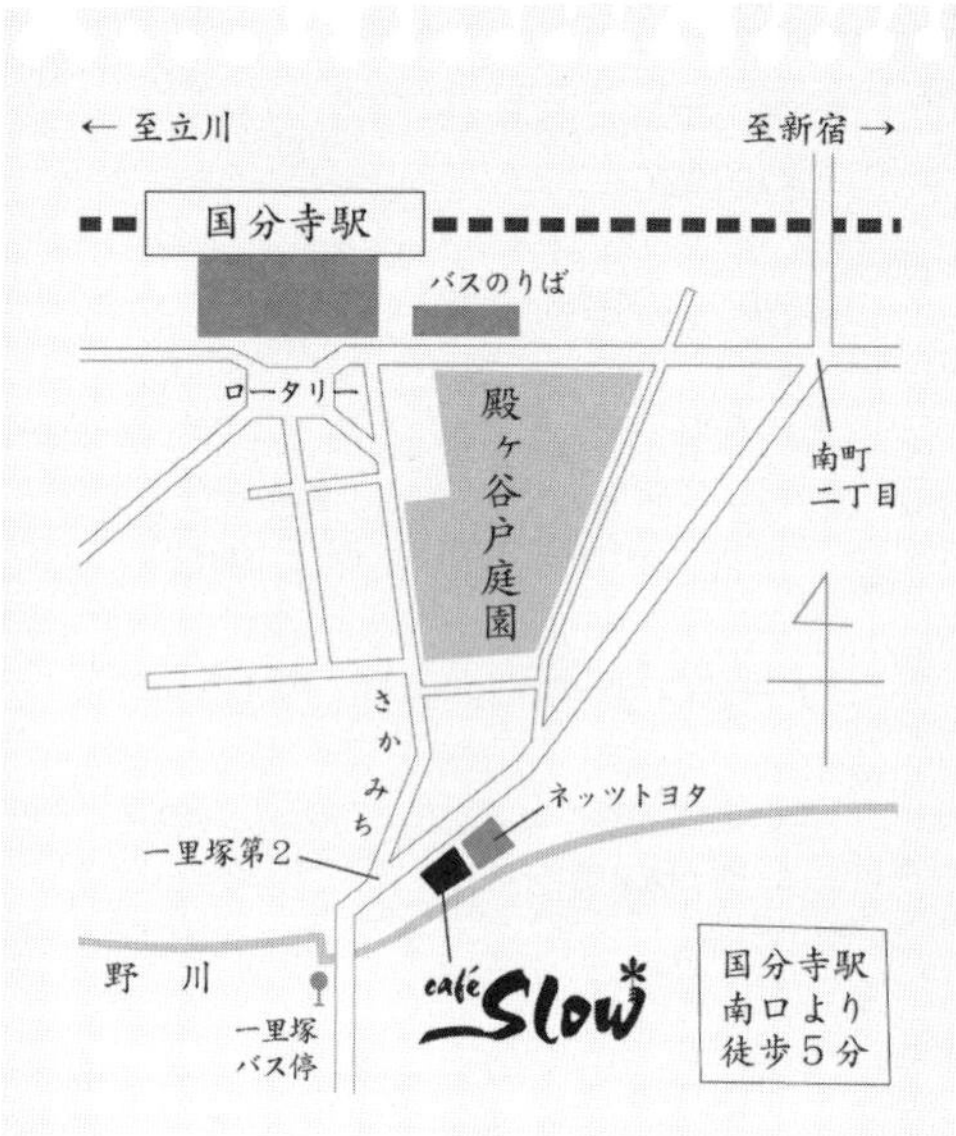

# カフェスローに届いたお客さんからの声

ゆっくりとはみだしている場所やひとに魅かれます。気が合いそう、と思います。

2度ほどお邪魔して、穏やかで柔らかな雰囲気、おいしい食事、自然に密着した品々にすっかり夢中になりました。また伺います。

美味しいだけでなく、地元に根ざしながら、情報発信もしている姿勢が好きです。このような店がコミュニティーレベルでどんどん増殖したら素敵と思います。

こんにちは。カフェスローさんには大学生の頃からよく通っていて、最近は何度かイベントにも参加させていただいております。わたしはカフェスローさんを通じて多くのものとつながったり自分の価値観や軸ができてきたりして、まだまだ具体的ではありませんがいつか自分もそのような場をつくっていきたいな、と考えています。

こんにちは!
カフェスローを作っているときから(前の店舗)ずっとずっとジミーに通っています。いつもカフェスローのごはんに助けられている気がします。
ありがとうございます!!

以前から衣食住を大切にする暮らしを心がけてきたため、今回の原発事故は人生を終わりにしたいくらいのショックでした。
でも同じ思いで、安全に暮らそうと努力するしている人たちの輪に入り出来ることをして、さらに訴え続けようと思っています

## カフェスローのメニューをご紹介！

### 本日のスロープレート　スープ付　　¥1,200

玄米ごはん、季節野菜のお惣菜4種、サラダ、箸休め。スープ、カフェスロー自慢の玄米「さわのはな」のおいしさ、元気な野菜の多様な表情をまるごと味わって頂ける、にぎやかで楽しいデリプレート！

### 旬野菜の根菜カレー 天然酵母パン/玄米ごはん サラダ付　¥1000

ぎゅっと味が濃くなったてきた根菜を生姜とじっくり煮込んだ、体の中から温まります。香り高いフェアトレードスパイスをたっぷりと使った季節のカレーです。

### 本日のコトコトスーププレート　¥950

天然酵母パンと、パンに合う季節野菜たっぷりのスープ、サラダ。少し軽めの、そして身体の芯からほかほか温まりたいときにおすすめのプレートです。お子様とのシェアにもおすすめです。

### 湘南ポークのホットドッグ¥950

塩とハーブのみで作られた無添加ポークソーセージを、国産小麦のドックパンに挟んだホットドック。お子様にも安心してお召し上がり頂けます。デリー品、サラダ、スープ付。

### お子様プレート　¥850

玄米おにぎり、お惣菜、スープ、デザート、ジュースのセット。ちいさな手と口が、楽しくおいしく食べられるように。巻いたり、付けたり、ちょこっと参加型。

※2012.4.6.現在のメニューの一部です。

※メニューは変更になる場合がございます。予めご了承ください。

# レシピ公開・カフェスロー特製！
# 「サリナス村のスローチョコレートケーキ」

## サリナス村の
## スローチョコレートケーキ
## ¥500

Slow Water cafeが南米エクアドル・サリナス村から仕入れた、香り高いオーガニックカカオからできた本物のチョコレートをたっぷりと使った、濃厚なケーキです。乳化剤不使用の安全なチョコレートと豆腐でできている冬期限定のチョコレートケーキを楽しんでください。

### 材料

【A】
地粉中力：240g
アーモンドプードル：80g
ココア：50g
ベーキングパウダー：大1
【B】
豆乳：300CC
葛粉：20g
【C】
エクアドルサリナス村の
板チョコレート ビター：80g
カカオマス：27g
なたね油：100cc
【D】
メープルシロップ：150g
木綿豆腐：400g（一丁）
てんさい糖：30g
塩：0.1g
ラム酒：大1

### 作り方

1:【A】を深いボウルにで、泡だて器を使って、混ぜ合わせる
2: オーブン170度60分にセットし、予熱する。
3:【C】のチョコレートとカカオを細かくし、大きめボウルに油と合わせ、
予熱中のオーブンへ入れ、溶かす。
4:【D】を全てフードプロセッサー等で滑らかになるまでまわし、【B】も加える。
5:【C】に、4を、泡だて器で混ぜながら少しずつ合わせる。
6:【A】に5を入れさっくり合わせる。
7:オーブンへ。焼き上がりを楽しみに待つ。

# ナマケモノ倶楽部グループ関連団体

## ナマケモノ倶楽部

「スロー」や「GNH」をキーワードに、環境＋文化＋スロービジネスを融合させた活動を展開しているNGO。
東京都江東区大島6-15-2-912　TEL:03-6661-0898
http://www.sloth.gr.jp

## (株)ウインドファーム

森を守り、育てる森林農法&有機栽培コーヒーをフェアトレードを通して広めています。
福岡県遠賀郡水巻町下二西3-7-16　TEL 093-202-0081
http://www.windfarm.co.jp

## スローデザイン研究会

住生活を心技両面でスローダウンさせる新しいライフスタイルを提案、創造している住環境デザインの研究団体。カフェスローの設計も手がけた。
http://www.slowdesign.net

## (有)スロー

オーガニック&フェアトレードのおいしい&うれしいコーヒーを自社焙煎し、レストランや高品質スーパーなどに卸売している会社。
千葉県松戸市松戸新田24番京葉流通センター6-2号　TEL:047-331-5208
http://www.slowslowslow.com

## (有)ゆっくり堂

ナマケモノ倶楽部の活動から生まれた、スローな文化を育てる本や雑誌の出版社。
東京都中央区日本橋馬喰町2-5-12 小沢ビル5F　TEL:03-6661-0895
http://www.yukkurido.com

## スローウォーターカフェ(有)

エクアドルで森を守る生産者と共に、チョコレート雑貨などを共同企画、輸入、販売(卸／小売)するフェアトレード商社。
本社:東京都江東区亀戸1-18-14-401　宮崎オフィス:宮崎県串間市大字市木726
Tel:0987-77-0747
http://www.slowwatercafe.com

# カフェスローエコマーケット関連団体

以下、住所は共通:東京都 国分寺市 東元町2-20-10エコ・マーケットカフェスロー内

## achipan design　（アチパンデザイン）

天然酵母パン、お菓子の製造/販売とともに、ノルディックウォーキング講習会をはじめとした野外ワークショップを開催。「はけのおいしい朝市」の企画・運営も行う。
TEL:042-315-1912
ブログ「アチパン日記」　http://achipan.exblog.jp/

## NPO法人自然育児友の会

自然なお産や母乳育児について、主に会報や地域のお茶会を通し、母親同士の互助的な伝え合い・支え合いをしている。
TEL:042-326-2208 FAX:03-6368-6397
http://shizen-ikuji.org/

## memoli
## （いのちのためのこどもみらい測定所＋マザリングマーケット）

ママの視点で選んだ育児グッズやエコグッズを並べたお店。食品の放射能を計測する「こどもみらい測定所」も併設している。
TEL:042-312-4414
http://memoli4future.com/

memoliの店内には手づくりの品がいっぱい

食品放射能測定器

# 行ってみたい！スローカフェリスト

カフェスローやナマケモノ倶楽部と関わっている、エコでスローな全国のカフェ41を紹介！

### あじと2米屋カフェ日びの
北海道札幌市中央区南16条西4丁目1-10
☎011-552-3729　http://www.itadakimasu-jp.net/
米屋でたべる キレイを作る

### みんたる
北海道札幌市北区北14条西3丁目2-19
☎011-756-3600　http://mintaru.com/2011/
フェアトレードの雑貨とネパール料理

### カフェぶらぶら
北海道浦河郡浦河町大通り4丁目9-6
☎0146-22-4033　http://cafeburabura.info
「ゆるゆる、スロー」をテーマにした交流の場

### farm cafe orta
青森県十和田市稲生町15-16中央ビル1-1
☎0176-25-0185　http://cafe-orta.jugem.jp
自家有機栽培野菜使用の自然派カフェ!

### カフェJi-mama
福島県南会津郡南会津町田島字上町甲4004
☎0241-62-8001　http://ji-mama.com
ヒト、コト、モノがつながるカフェ。

### 銀河のほとり
福島県須賀川市滑川字東町327-1
☎0248-73-0331　http://plaza.rakuten.co.jp/ginganohotori
心と体と地球のための自然食レストラン

### 1988 CAFE SHOZO（SHOZO COFFEE黒磯本店）
栃木県那須塩原市高砂町6-6
☎0287-63-9833

（黒いカップ）本文に登場するカフェ

**NASU SHOZO CAFE（SHOZO COFFEE那須店）**
栃木県那須郡那須町高久乙2730-25
☎0287-78-3593　http://www.shozo.co.jp
旅に必要なものは温かなパンと1杯の美味しい珈琲。

**カフェレストラン バオバブ**
埼玉県さいたま市桜区白鍬269−3
☎048-855-8021　http://www.baobab-lohas.com/
名物エゾ鹿ハンバーグ!真心いっぱい料理!

**スローコーヒー八柱店**
千葉県松戸市日暮6丁目60 B-one(ビーワン) 2F
☎047-703-9700　http://slowslowslow.sblo.jp/
「ちょっとすごいコーヒー」が飲める、スロー社の直営店

**organic CAMOO**
千葉県松戸市日暮1-10-5
☎047-389-9500　http://www.camoo.org
美味しく楽しく体内&自然環境最適化!

**キミドリ.**
東京都渋谷区渋谷3-12-24 1F
☎03-5468-3289　http://www.kimidori.info
オーガニック&エコロジーを発信するお店。

**GAIACAFE**
東京都千代田区神田駿河台3-3-13
☎03-3219-4865　http://www.gaia-ochanomizu.co.jp
3階は玄米ランチプレート、2階はベジカレーやケーキなど。

**Flor de Cafe 樹の花**
東京都中央区銀座4-13-1
☎092-944-5755
ジョンとヨーコが訪れた店。オリジナルブレンドは「イマジン」

### ふろむ・あーす & カフェ・オハナ
東京都世田谷区三軒茶屋1-32-6　豊栄ビル1F
☎03-5433-8787　http://www.cafe-ohana.com
ピースを発信するオーガニック・ベジカフェ

### レインボーバードランデヴー
東京都目黒区祐天寺1−1−1 リベルタ祐天寺1階
☎03-3791-5470　http://www.ls-adventure.com
ロハスカフェ(ヴィーガン)&セラピーサロン

### たまにはTSUKIでも眺めましょ
東京都豊島区池袋3-54-2
☎03-5954-6150　http://masarukohsaka.org/saito/Welcome.html
ダウンシフターズの集まる池袋のOrganic Bar

### 野菜を食べるカフェ油揚げ
東京都大田区羽田5-20-6
☎03-3741-0909　http://aburaage.web.fc2.com
作った方の顔がみえる野菜を、おいしく!　たのしく!

### レストランクッキングハウス
東京都調布市布田1-10-5　稲毛家ビル1F
☎042-488-6369　http://www.cookinghouse.jp
おいしいねから元気になる自然派家庭料理

### デモデモCafe
東京都小金井市貫井南町3-2-16滄浪泉園緑地脇雨デモ風デモハウス内
☎042-381-5006　http://amekaze.jp/cafe.html
地元野菜と発酵食のカフェレストラン

### てぬぐいカフェ一花屋
神奈川県鎌倉市坂ノ下18-5
☎0467-24-9232　http://ichigeya.petit.cc
鎌倉の古民家でつくりてとのつながりを大切にしているカフェ

### ソンベカフェ
神奈川県 鎌倉市御成町13-32
☎0467-61-2055 http://song-be-cafe.com
自然素材のインテリアとアジアの屋台料理

### SOL
富山県富山市磯部町4丁目4−5
http://cat.cn1.jp/sol
風が通り抜ける野菜レストラン、ソル。

### BarSlowバールスロー
山梨県甲府市丸の内1-19-21
☎055-226-8625 http://www.bar-slow.com/
ささやかだけれど、大切なことを

### Spice Cafe Bija スパイスカフェ・ビージャ
静岡県浜松市中区富塚町449-1
☎053-474-0330 http://bija.jp
カレーは地球を救う!

### SlowCAFE ずくなし
長野県千曲市若宮1425番地1
☎026-214-0021 http://zukunashi.naganoblog.jp/
地域の輪を活かしセルフビルドで再建奮闘中

### cafe&BakeryMilePost
愛知県名古屋市熱田区大宝3丁目1-17号 名古屋学院大学 日比野学舎
☎052-683-0451 http://www.ngu.jp/ngugp/milepost
学生が運営するまちづくりカフェ(since2002)

### 食堂&cafe ひとつむぎ
愛知県知多郡東浦町大字緒川字姥池29-4
☎0562-85-3982 http://www.hitotumugi.net
「幸せな、ごはん」を探求してます

### カフェスロー大阪
大阪府大阪市淀川区十三元今里2-5-17
☎06-7503-7392　http://www.cafeslow-osaka.com
参加型オーガニックカフェ×レンタルスペース

### curry&cafebar LIPIJA
大阪府大阪市北区山崎町1−12ラピタ扇町1F
☎06-6316-3017　http://www.lipija.com/
フェアトレード、昼はカレー夜はカフェバー。

### ミドリカフェ
兵庫県神戸市東灘区本山北町2.6.24 1F
☎078-412-7214　http://midoricafe.jp
人と自然にやさしい、みどり豊かなカフェ

### オーガニック&ベジタブルフード　マチャプチャレ
京都市東山区鞘町通り正面西入る上堀詰町290-2
☎075-525-1330　http://yaokan1748.exblog.jp/
ネパール料理とおばんざいが美味しい

### La ceiba　ラセイバ
山口県萩市東田町92
☎0838-21-4331　http://laceiba.cocolog-nifty.com/blog
萩の食材と自然食材にこだわる自然派カフェ

### オーガニックカフェTerra 小屋
福岡県福岡市中央区高砂1-8-8 サンクス渡辺通2階
☎092-406-8381　http://www.terra-coya.com
オーガニックのドリンクや食事が楽しめます

### 赤村スローカフェ・クリキンディ
福岡県田川郡赤村5251-3 源じいの森温泉内
☎0947-88-2893　http://www.windfarm.co.jp/akamura-kurikindi
自然食とイベントでスローを発信するカフェ

**オーガニック広場ひふみ**
福岡県古賀市天神1丁目2-3
☎092-944-5755　http://miroku.ocnk.net
地域の無農薬野菜・米で作った穀物菜食ランチ

**フェアトレードスチューデントカフェ　はちどり**
熊本県熊本市花畑町4番8号　熊本市国際交流会館1階
☎096-359-2020（熊本市国際交流会館）
http://www.fairtrade-kumamoto.com/hachidori.html
大学生や留学生が運営するフェアトレードカフェ

**畑のキッチン　ちゃぶ台**
熊本県玉名市岱明町野口918-1
☎0968-73-8081　http://chabudai.info
大地と人とつながる　玄米菜食のごはん家

**原っぱカフェ**
大分県 由布市 湯布院町 川上1525-12
☎0977-84-2621　http://www.jca.apc.org/~uratchan/harappacafe/
「ムラづくりNPO風の原っぱ」が運営

**♪天空カフェ☆ジール♪**
宮崎県宮崎市加江田6411
☎0985-65-1508　http://www.tenku-zeal.com
心とからだが喜ぶマクロビオティック料理

**カナンスローファーム**
沖縄県国頭郡東村平良863-2
☎0980-43-2468　http://www.canaan-farm.com
農場をベースにした安全とおいしさを届けるカフェ

**編著者**

**吉岡淳　http://www.cafeslow.com/**

(有)カフェスロー代表取締役。30年間にわたるユネスコ運動を経て、2001年東京都府中市にスロー・ムーブメントの拠点となる「カフェスロー」をオープン。以後、「スローカフェ」の普及と人材育成にとりくむ。大学やカルチャーセンターでは、「環境教育」、「平和教育」、「人権論」、「NPO論」、「ユネスコ世界遺産」などの講座を担当。著書に『カフェがつなぐ地域と世界』『スローなカフェのつくりかた』（いずれも自然食通信社）。

**高橋真樹　http://www.yukkurido.com**

ゆっくり堂編集スタッフ。ノンフィクションライター。平和共同ジャーナリスト基金奨励賞受賞。国際NGOスタッフとして世界60ヶ国以上を訪れ、核廃絶や難民支援などに取り組んできた。著書に『イスラエル・パレスチナ平和への架け橋』『観光コースでないハワイ』（以上、高文研）、『紛争、貧困、環境破壊をなくすために世界の子どもたちが語る20のヒント』（合同出版）、『カラー図解・原発と私たちの選択』（辻信一監修／大月書店）など。

**しあわせcafeのレシピ―カフェスローものがたり**

2012年6月1日　初版第1刷発行

編著者　吉岡淳／高橋真樹
編　集　有限会社ゆっくり堂
発行者　横山豊子
発行所　有限会社自然食通信社
〒113-0033　東京都文京区本郷2-12-9-202
TEL 03-3816-3857
FAX 03-3816-3879
振替 00150-3-78026
http://www.amarans.net/

組版　橘川幹子／秋耕社
装丁　橘川幹子
カバー／帯アートワーク　佐藤玲
口絵イラスト　シロガネミキ
写真　吉野峯太郎（P1.扉、P4上、P5右下、P166右上、
　　　P167～168）

印刷　吉原印刷株式会社
製本　株式会社越後堂製本

乱丁・落丁本のお取替えは直接小社までお送り下さい。（送料は小社負担）

ISBN978-4-916110-96-1